름	내용	활동	컨벤션
ᅥ소	⟨사건 발생⟩ 한 인물이 노동 이민을 하였는데, 그가 냉동 저장창고에서 시체로 발견되었다 그는 가난에서 벗어나ᄀ 이별하였다. 그리고 현지ᄋ 을 겪은 인물이다. 단서: 그의 방에는 변변한 가구가 없다. 여친치 있었다. 방 벽에 십자수 액자가 하나 있다. 이니셜 IS자 적혀있음. 그리고 떨어져 있는 종이 조각이 있다. "미안해" 조명점 이니셜 의미	1. 참가자들은 모두 탐정이 ᅢ결하기 위한 - 모둠별로 ... ㅣㄹ 구성한다. 2)단서를 구성하여 타블로로 보여준다. (액자 속 이미지, 책의 제목 혹은 주제)	탐 ᄋᆨ
소 을 기	⟨마을 만들기⟩ 실종된 인물이 살던 마을을 구성한다. 그 마을엔 어떤 사람들이 살았을까. 즉흥으로 구성한 마을 사람들. 이 마을에서 축제가 벌어진다. 어떤 축제일까? living through 관계 형성 축제를 벌이는 마을 사람들 속에서 실종된 인물을 아는 사람을 찾아낸다. 주목! b	1. 모둠원들은 축제를 구성하고 보여준다. 2. 인터뷰 그 마을 사람 중 주인공과 아는 사람들을 불러내어 인터뷰 한다. 나머지는 질문자가 된다. 즉흥 T.I.K ↓ 이야기를 구성한다.	스펙트럼 인터뷰
ᅥ	⟨새로운 단서⟩ 그는 이름은? -코리언 그의 외모는 황인종의 피부빛깔 까만 머리카락, 그리고 자그마한 키로 보아 동양인임이 틀림없다. 아는 사람들을 불러내어 그들이 불렀던 이름을 정하게 한다 //이웃들 모두 그의 이름을 모른다. 다만 코리언이라고 불렀다고 한다.	"반전" 1. 이야기를 다시 구성해보자. 사건이 발생한 이 곳은 어디일까? (한국이 아닐지도)	TIR
	역할 속 교사 - 한국인 기자 한국인의 죽음을 둘러싸고 현지의 관심	1. 피해자가 코리언이라면 무하마드와는 어떤 관계일	TIR

세상에 없는 카페 수업 개요

시간	제목	내용	자료
5:00~7:00 (120)	-50+의 동력은? -드래곤호의 미션 -->세상에 없는 카페 만들기	-몸풀기 -50플러스에게 움직임의 동력은 무엇인가? -개인의 결핍과 사회적 결핍 -서울 숲 이야기 -시장의 편지 (다른 사람이 읽음) -4개의 모둠으로 나누어 미션을 수행한다. 세상에 이런 카페라니? - 이곳을 살리기 위해 세상에 없었던 새로운 카페를 만들어야 한다. <드래곤호의 키워드> 시간, 몸(건강 혹은 체력),기회, 능력, 돈, 관계, 성취 <장소와 미션 제시> 1.가장 가까운 전철역으로부터 1킬로 이상 걸어야 도착할 수 있다. 2. 주위에 학교가 있고, 전 연령층이 이용해야 하므로 주류 판매나 유흥업은 불가 3.지속적으로 이용 가능하고, 전 연령이 즐겨 찾는 명소가 되어야 함 4.· 소개를 위한 리허설 시간 주둥점	은인 or UCC 영상4종 "치유" 지도 (출력물,PPT) 키워드가 적힌 종이
7:00~7:30 (30분)	휴식	저녁 식사 &휴식	
7:30~8:10 (40분)	발표 및 즉흥	1. 각 드래곤호는 세상에 없던 카페를 세상에 내놓음 (장면연기) 2. 관객 가운데 손님으로 출연을 원하는 사람은 참여할 수 있음(즉흥극)	A4 용지 필기도구
8:10–8:30			

교과서로
연극하자

문학, 영화,
애니를 활용한
교육연극 사례
21가지

교과서로
연극하자

구민정 · 권재원 지음

다른

이 책은 2014년에 발간했던 《수업 중에 연극하자》의 후속편입니다. 그동안 많은 선생님이 《수업 중에 연극하자》에 실린 교육연극과 이를 활용한 30개의 수업 사례를 기반으로 교실에 교육연극을 도입하는 다양한 시도들을 했습니다. 그리고 혹시 새로 만들어 놓은 수업이 없는지 물어보는 분이 많았습니다. 물론 저자들도 놀고 있지 않았기 때문에 이후로 몇 가지 수업 모형을 새로 개발하였고, 또 기존 수업도 깊이와 폭을 넓히는 작업을 진행하였습니다. 특히 자유학기제와 2015 개정 교육과정을 대비하여 교육연극이 교과 간 융합의 플랫폼 역할을 할 수 있는 방안을 집중적으로 연구하였습니다. 이 책은 바로 지난 3년간 노력한 결실입니다.

그동안 저자들은 연극이 지닌 '이야기성'에 주목했습니다. 심리학자 제롬 브루너Jerome Bruner가 설명하듯이, 사람은 이야기를 통해 지식을 얻기 때문입니다. 우리의 삶 자체가 이야기입니다. 노년기가 되어 자신의 삶을 이야기로 통합하지 못할 경우 분노와 절망의 감정에 빠질 수도 있습니다. 우리의 삶은 세상과 상호작용하는 가운데 이야기를 만들어 가는 과정인 것입니다. 그렇다면 사회적 동물로서 인간의 삶은 서로의 이야기를 드러내 보이는 과정이라고도 할 수 있겠습니다.

이 책에서는 맛보기처럼 여러 영역으로 흩어져 있던 《수업 중에 연극하자》와 달리 이야기라는 하나의 중핵中核을 정해 두고 다양한 활동을 구상해 보았습니다. 이야기를 가지고 있는 예술 장르인 문학, 영화, 애니메이션, 전래동화나 설화 등이 좋은 소재가 되었습니다. 말 또는 문자의 형태로 존재하는 이러한 이야기들을 실제 자신의 신체로 여기에 옮겨 놓을 수 있는 것이 연극이기 때문입니다. 이러한 연극의 묘미를 만끽할 수 있는 여러 활동을 구상하려 애썼습니다.

이 책에 소개된 소설이나 영화만을 사용할 필요는 없습니다. 여기서는 다만 소설이나 영화 등을 활용하여 어떻게 교육 연극을 기획하고 진행할 수 있는지 다양한 사례를 보여 주는 것에 불과합니다. 현장에서 쉽게 구할 수 있거나 감명받은 소설과 영화는 무궁무진합니다. 소재가 다양한 만큼이나 연극 활동 역시 다양하게 구성될 수 있을 것입니다. 그것은 이 책을 들고 있는 선생님들의 몫이라 생각합니다. 모쪼록 이 책이 선생님들에게 영감과 자극제가 되었으면 하는 바람입니다.

제목을 보고 자칫 교과서에 수록된 내용을 연극으로 꾸며 보는 것으로 오해할지도 모르겠습니다. 이 책의 목적은 현재 발행 중인 교과서의 내용을 연극으로 수업하는 것이 아닙니다. 언제든지 교과서에 수록될 만한 작품들, 주제들을 골라서 연극으로 수업하자는 것입니다. 그러니 결과적으로 교과서로 연극하는 셈이며, 또 이 연극이 새로운 교과서가 되는 셈입니다. 그런 의미에서 연극으로 만든 교과서라고 읽어도 비슷한 뜻이 되겠지요.

《수업 중에 연극하자》를 내고, 저자들은 그동안 여러 곳에서 연수 의뢰와 강의 요청을 받았습니다. 책에 수록된 수업 방법을 읽는 것도 좋지만 선생님들이 직접 해보면 더 잘 이해할 수 있겠다는 바람에서 저자 직강을 원하신 겁니다. 강의를 통해 실습을 하면 다양한 적용법 등 응용 가능성을 더 많이 접할 수 있는 게 사실이기도 합니다. 아무래도 연극의 기법을 적용한 수업을 책으로만 이해하기에는 한계가 있으니까요. 신문 기사에서도 책을 직접 거론하며 소개해 주었습니다(한국일보, 동아일보 외). 한국교원연수원에서는 온라인 연수를 만들었습니다. 지방에 있는 선생님들이 온라인으로라도 교육연극을 배우고 싶어한다는 수요가 반영된 것입니다. 그 사이 2015 개정 교육과정이 발표되었고, 연극이 고등학교 일반선택 교과로 편입된 배경에도 일조한 것으로 보입니다. 중학교 자유학기제에서는 저마다 연극을 수업에 적용하거나 어떤 식으로든 융합수업에 활용하려는 움직임이 일고 있습니다.

중앙선거관리위원회에서는 민주시민 교육과 선거에 대한 인식 제고를 위해 이 책의 내용 중 '아테네 민회' 수업을 직접 촬영하기도 하였습니다. 이후 각 지역의 선관위에서 교육연극 수업을 선생님들께 전수하려는 계획으로 2017년 여름에 전국 순회강연 자리를 마련하여 주었습니다.

서울, 경기, 인천, 충청, 전라, 경상, 제주 등 각지의 교육연수원에서도 교육연극 연수를 마련했습니다. 어떤 교육청에서는 이 책을 선생님들께 선사하고 저자와의 대화를 기획하기도 했습니다. 강원도에서는 강원 교육청 대신 선거연수원의 요청에 따라 강릉에서 강의하였으므로 기관을 막론하여 보면 전국 단위로 '수업 중 연극' 열풍이 불었던 것으로 보입니다.

또한 인권정책연구소에서는 2016년 연수를 기획하던 단계에서 이 책을 보고 서울시 공무원 대상 인권연수를 의뢰하였습니다. 이에 하반기에 15회 강의를 하였고 이에 따라 서울시 공무원들이 인권을 주제로 교육연극을 체험했습니다. 공무 담당자들이 공무원을 대상으로 한 강의에 교육연극을 폭넓게 적용해서 색달랐다며 매우 긍정적인 평가를 내놓았습니다. 시민을 위해 봉사하는 공직자로서 시민의 마음을 역지사지할 수 있는 좋은 경험이었고, 나아가 스스로의 삶을 성찰하는 계기가 되었다는 이야기를 건넸습니다.

이렇듯 《수업 중에 연극하자》가 하나의 책으로서 세상에 끼친 영향은 보이게, 보이지 않게 저변으로 확대되어 스며들어 있다고 생각합니다. 이 책 또한 그렇게 세상에 영향을 끼치고 스며들길 바랍니다.

차례

1

교육연극이란
무엇인가

21세기에 필요한 인재는 창의적이고 융합적인 사람이라고 합니다. 어딜 가나 한결같이 새로운 것을 발상하고 실행하는 능력, 즉 창의력을 강조합니다. 교육은 이러한 시대의 요구에 부응하기 위해 혁신을 요구받습니다. 교육계의 일선에 있는 교사들은 그에 걸맞은 교육 내용과 교수 방법을 고민해야 합니다.

이제는 무엇을 가르칠지에 못지않게 왜, 그리고 어떻게 가르칠지의 문제가 중요해졌습니다. 교사는 지식의 일방적 전수자가 아니라 안내자 또는 촉진자로서 역량과 자세를 요구받고 있습니다. 쉬운 일이 아니지만 이러한 시대의 요청을 거절할 수는 없습니다. 교사 자신이 새로운 시대에 부합하는 역량을 갖추어야 합니다. 다시 말해 주어진 교육 환경 속에서 그것들을 융합하여 교육과정을 개발할 수 있어야 합니다.

이 모든 상황을 고려할 때 융합교육의 촉매로서 다양하고 창의적인 학습 방법론을 제공한다는 점에서 연극은 적절한 예술 장르입니다. 연극을 교육 현장에서 다양한 방식으로 적용한다면 그 효과는 배가됩니다. 이렇게 연극을 교육을 위해 적용하는 방식을 일컬어 '교육연극'이라고 합니다.

'소통'의 중요성을 강조하는 말이 자주 들립니다. 민주주의가 꽃을 피우기 위해서는 무엇보다도 소통과 공감능력이 필요하다고들 합니다. 그런데 소통은 말로 강조한다고 향상될 일이 아니며, 소통과 공감능력은 마치 동전의 양면처럼 매우 깊은 관련이 있습니다.

공감능력은 어떤 상황과 그에 처한 타인의 심정을 헤아려 아는 능력입니다. 공감능력은 소통의 전제조건이며, 학교폭력이 사회적으로 화두가 된 요즈음 그 중요성이 부각되고 있습니다. 가해학생의 행동 원인을 찾아보니 공감능력의 부족인 경우가 많았습니다. 타인의 고통에 공감할 줄 모르기에 지속적으로 따돌리고, 괴롭히고, 심지어 그 상황을 즐기고 심각한 범죄 행동을 저지르기까지 하면서도 그런 자신의 잘못을 인지하지 못하는 것입니다.

소통과 공감능력은 예술교육과 어떤 상관관계가 있을까요? 짐작대로 매우 깊은 관련이 있으며 예술교육을 잘하면 우리 아이들의 소통과 공감능력이 길러집니다. 예술교육은 주지적 학습처럼 학습내용의 요소들을 나누어 가르치는 방식이 아니라, 창의적 표현이나 그 감상을 통해 종합적 인식과 감성의 능력을 배양하는 까닭입니다. 정서적으로 먼저 느끼는 종합적 인식에서 공감과 소통의 단초가 마련됩니다. 이어서 개인의 능력에 따라 다양한 리터러시literacy 곧 문해력이 가능해지면서 단순하게 정리할 수 없는 복잡한 경험이 축적됩니다. 또 그 경험을 토대로 '이야기 만들기'narrative가 형성되며 성장이 이루어지는 것입니다. 이런 과정을 통해 아이들의 소통과 공감능력은 자연스레 향상됩니다.

교육연극이란 무엇인가

I | 교육연극의 개념

교육연극은 연극을 교육에 적용하는 방법론이라고 요약할 수 있습니다. 연극이 내포하는 여러 가지 속성을 활용하는 교육을 일컫는 것이지요. 그러나 단순히 그 방법을 차용하는 것에 그치지 않습니다. 교육연극에서 활용하는 드라마 기법이나 프로그램은 연극이 예술로서 존재하는 이유, 곧 연극의 본질에서 가져온 것입니다. 이를테면 연극의 속성 가운데 가장 중요한 현재성과 이중성이 활용됩니다.

현재성은 '지금, 여기'를 전제로 한다는 의미입니다. 연극은 영화처럼 촬영한 후 편집하여 상연하는 게 아니라, 관객의 눈앞에서 배우와 제작진이 협력하여 만든 연극을 공연함으로써 비로소 완성되는 예술 장르입니다.

교육연극에서는 즉흥성improvisation을 중시합니다. 학생들이 '바로 여기'에서 '마치 ~인 것처럼' 어떤 상황 속 인물을 연기하며 수업을 진행하는 경우가 많습니다. 이 과정에서 사회적 존재로서 삶의 경험을 그대로 털어놓으며 즉흥 연기와 대사를 구성하게 됩니다. 이렇게 교실에서도 미루어 둘 수 없는 삶의 상황을 그 자리에서 해결해 보고자 감히 모험을 수행합니다. 가장 중요한 연극의 본질을 그대로 수업에서 구현하는 셈이지요.

이중성이란 배우가 어떤 인물의 역할을 입고 연기하게 될 때 생기는 의미입니다. 배우는 배우 이전의 실존 인물이면서 동시에 어떤 역할을 연기하는 이중의 자아를 무대 위에서 지니게 됩니다. 이것이 소위 역지사지를 가능케 해서 공감의 전제조건을 형성하는 단초가 됩니다. 내가 아닌 다른 사람을 연기하지만 나는 여전히 나일 수밖에 없으니까요.

학생들은 연극을 하는 동안 현재성과 이중성을 모두 경험함으로써 창의적인 문제 해결을 자신의 삶의 맥락에서 경험해 보고, 공감의 전제 조건인 역지사지를 몸소 체험하게 됩니다. 이러한 이유로 연극은 교실 수업에 역동적인 에너지를 불어넣을 수 있습니다. 그리고 그 여파는 일회성으로 끝나지 않고 유사한 경험의 맥락에서 다시 솟아납니다. 마치 몸으로 익힌 수영이나 자전거 타기를 오래도록 하지 않더라도 잠깐의 워밍업을 하고 나면 다시 할 수 있게 되는 것과 같은 원리입니다.

2 | 교육연극의 종류

교육연극은 교실 안에서 이루어지므로 영국에서는 'Drama In Education'(DIE라 줄여 부름) 또는 'Educational Drama'라고 부릅니다. 미국에서는 'Creative Drama'라고도 합니다. 양자의 차이를 DIE는 교과 학습에 중점을 두고, Creative Drama는 좀 더 폭넓은 주제나 소재로 학생들의 성장을 위해 연극을 활용하는 것이라고 파악할 수 있습니다. 우리나라에서는 역할놀이, 연극놀이 등으로 불리다가 요즘에는 교육연극이라는 용어가 정착되는 중입니다. 교육연극은 다양한 양상을 아우르는 개념으로, 교실연극뿐만 아니라 각종 사회 문제를 다양한 사람들과 함께 다룰 수 있어서 '시민연극'이라고도 불립니다. 시민연극은 'Applied Theatre'를 옮긴 용어로서 번역자에 따라 '응용연극'이라고도 합니다.

교육연극 가운데 전문적인 극단이 공연을 준비하여 와서 관객에게 상연하고 공연 후 관객과 더불어 연극 내용을 토대로 대화를 시도하는 방식이 있습니다. 이런 경우를 'Theatre In Education'(TIE라 줄여 부름)이라 하고 '포럼연극'이라고 부르기도 합니다. 진행 방식에서 약간의 차이가 있지만 전문연극인이 해당 주제를 미리 연구하고 공연을 제작하여 관객과 만난다는 점에서는 대동소이합니다.

TIE는 1965년 영국 코벤트리의 벨그레이드 극장에서 시작되었습니다. 1944년부터 영국 사회는 교육운동에 의한 새로운 인식이 필요했고 구 교육제도에 도전하는 새로운 시도들을 하고 있었습니다. 이를테면 지식 전달 위주의 전통적인 교사 중심 교육에서 벗어나 학생 중심 교육을 모색하고 있었습니다. 당시 연극계에서는 무대 위에서의 즉흥 연기를 허용하던 연극 연출가 조앤 리틀우드Joan Littlewood나 '낯설게 하기' 개념으로 잘 알려진 독일 극작가 베르톨트 브레히트Bertolt Brecht가 주목을 받고 있었습니다.

또 브라질의 극작가이자 연출가 아우구스토 보알Augusto

교육연극의 종류

범위		종류	공연자의 전문성	적용 방법
교육 연극	DIE	DIE	X	교실연극 / 다양한 대상과 함께할 수 있음
		과정 드라마	X	
	TIE	TIE	O	배우 교사 등 교육연극 전문가들이 만들어 공연하고 후속 활동을 진행함
		토론연극 (Forum Theatre)	O	넓게는 TIE에 포함되나 특별히 역할 내 교사(조커)가 관객을 연극 속으로 초대하여 관객배우로서 새롭게 장면을 구성하면서 진행함

Boal은 포럼연극을 창안하는데, 관객이 배우spect-actor가 되어 연극에 개입한다는 점에서 특이점이 있습니다. 그로 인해 쟁점이 되는 문제를 직접적으로 경험한 사람들을 대상으로 공연하는 경우가 많습니다. 이를테면 소작농, 미혼모, 노동자 등 억압받는 이들을 문제와 갈등으로부터 해방시킨다는 목표를 지니는 연극입니다.

이 책은 주로 교실연극에 관심을 갖습니다. DIE 또는 Creative Drama는 교사가 이끌어 가는 방식이므로 학생들과 함께하고자 하는 다양한 주제의 연극을 수업 중에 할 수 있습니다. 관객은 따로 외부에서 오지 않고 교실 안 구성원이 배우가 되기도 하고 관객이 되기도 하면서 역동적으로 연극을 이용하여 수업하는 방식입니다. 이를 이끄는 교사에게 연극적

재능, 즉 연기와 연출의 능력이 필요하지 않지만 연극에 대한 충분한 이해와 능력을 갖추고 있다면 훨씬 수월할 것입니다. 그런 점에서 교육대학이나 사범대학에서 교육연극을 접할 수 있기를 희망합니다.

3 | 과정이 중요한 드라마

교육연극에서 가장 중요한 속성은 결과가 아니라 과정을 중시한다는 점입니다. 시작부터 마무리까지 매순간 배움의 상황을 염두에 두고 설계한 수업 프로그램이라고 생각하면 좋습니다.

교육연극의 흐름에 따라 수업 프로그램을 구성하는 방식은 교사들이 수업을 설계할 때 교육과정을 수립하고 차시별 수업지도안을 작성하는 원리와 같습니다. 한 차시의 수업이 '도입 - 전개 - 마무리'라는 진행의 흐름이 있듯, 교육연극은 '웜업 - 본 활동 - 팔로우업' 순서로 전개됩니다.

웜업은 수업의 도입에 해당됩니다. 그날의 수업이 어떤 의미를 지니는지 목표를 제시하고 중점적으로 생각할 핵심 질문을 안내하거나 공유하는 도입의 역할을 하는 것입니다. 교육연극에서 웜업은 연극을 적용하여 배움의 상황이 보다 풍성해질 수 있도록 다양한 놀이를 실시합니다. 본격적으로 운동하기 전에 몸풀기를 하는 것과 같은 이치입니다. 교육연극 수

업에서도 웜업이 잘 되어야 본 활동이 원활해지고 물 흐르듯
자연스럽게 진행됩니다.

교육연극 프로그램의 구성요소

요소	내용
프로그램의 목적	연극 제작 과정에서 교육적 효과를 얻게 함
제작자	학생들이 스스로 제작함 교사는 조력자이자 촉진자의 역할을 함
관객	학생들이 관객이자 배우로 역할을 바꾸어 가면서 능동적으로 참여함
공연	학생들 스스로 대본을 만들거나 즉흥극을 구성함 (외부 관객을 상대로 준비하는 공연이 아님)
공연 이후	교실연극 활동 속에서의 공연이 끝나면 다양한 후속 작업을 함

4 | 교육연극 수업의 흐름

연극은 이야기를 기반으로 하는 예술입니다. 그런데 그 이야
기는 반드시 문자 텍스트로 정리된 대본을 전제하지 않습니
다. 어떤 대본을 주고 외게 한 후 마치 그 인물이 된 것처럼 연
기하여 무대를 완성하는 공연은 사실 시간과 노력이 많이 드
는 특별한 작업입니다. 그것을 완성하기에 45분 또는 50분의
수업시간은 호흡이 짧습니다. 교실연극은 짧은 시간에 시작 -

중간 – 마무리 과정이 모두 이루어지도록 구성할 수 있어야 합니다. 선생님들이 교육연극의 일반적 구조인 웜업 – 본 활동 – 팔로우업의 순서에 맞추어 작은 활동을 계획하고 쉽게 실행하기 위해서는 각 순서를 잘 짜는 것이 중요합니다.

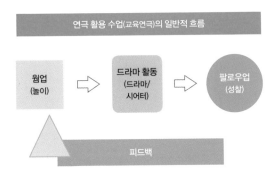

그동안의 연수를 통해 선생님들이 여러 애로 사항을 털어 놓았습니다. 놀이를 함께하다 보면 아이처럼 가볍게 웃고 흐트린 몸가짐을 보일 수 있어서 자칫 교육자로서의 권위가 무너지고 이후 감당이 어려워질까 걱정된다고 했습니다. 혹은 놀이를 자주 해보지 않아서 어색한 모습을 보일까 봐 우려를 표했습니다. 그러나 아이들은 놀이를 함께하는 선생님에게 친근감을 느끼고, 다른 친구들과도 친해질 수 있습니다. 놀이는 라포rapport 곧 친밀감의 형성을 위해 몸과 마음을 여는 활동으로서 반드시 필요합니다.

니체는 인간의 성숙을 낙타에서 사자로, 사자에서 어린아이로 변하는 과정으로 비유했습니다. 어린아이들은 재미있는 일에 흥겹게 참여하고 스스로 놀이 규칙을 만들어 내고 가벼운 발걸음으로 뛰어다니며 어제 싸운 친구와 금세 화해하고 다시 오늘의 놀이를 시작합니다. 우리는 시간과 공간의 주인공으로서 삶의 무게를 가볍게 할 줄 알아야 합니다. 어른에게 성숙의 척도는 아이들과 놀아 줄 수 있는 마음의 여유를 얼마나 지니고 있느냐입니다. 네 살짜리 아이가 아장아장 걸어와 손을 권총 모양으로 만들어 "빵" 소리를 내며 발사했을 때 "꺄악~" 하고 기절하는 시늉을 해서 아이를 즐겁게 해줄 줄 아는 사람이 성숙한 어른입니다. 학생들의 장난과 소음에도 노하지 않고 오히려 놀이를 제안하며 즐거운 삶의 태도를 보여 주는 선생님을 아이들은 결코 가벼운 어른이라며 놀리지 않을 것입니다.

요즘 꼰대라는 말이 자주 쓰입니다. 매사 가르치려 드는 고리타분한 어른을 빗대어 하는 말입니다. 아이들은 꼰대를 좋아하지 않습니다. 가르침이 아니라 가르치려만 드는 게 싫다고 합니다. 아이들의 마음속에 가르침의 내용은 고결하지만 너무 무겁지 않게 장난과 위트가 가득한 말을 건네며 다가오고 곁에서 지켜봐 주는 선생님에 대한 그리움이 있는 것입니다. 그래서 우리 선생님들께 꼰대의식이 아닌 재치를 지닌 여유를 제공하고자 교육연극을 소개하였습니다. 교육연극 수업을 통해 학생들과 선생님의 만남이 놀이처럼 그리고 이야기처럼 즐겁고 풍성해지기를 바랍니다.

어느새 '창의성'이라는 말이 교육에 깊숙하게 들어와 있습니다. 창의적 인재 기르기가 21세기가 요구하는 교육의 목표가 된 것 같습니다. 그렇다면 창의성이란 무엇일까요?

창의성을 천재성天才性과 동의어로 사용하던 시절이 있었습니다. 20세기 중반 이후 창의성은 제작으로서의 창조가 아니라 사고로서의 발상이라는 개념으로 바뀌었습니다. 다시 말해 문제나 상황에 대해 비전형적이며 다양하고 새로운 해결방안을 사고하는 특성을 가리킵니다.

창의성의 핵심은 확산적 사고divergent thinking입니다. 창의적인 사람은 어떤 문제에 대하여 관성적으로 대응 방법을 생각하는 것이 아니라 다양한 연상을 하고 유별나고 엉뚱한 반응을 보인다고 합니다. 창의성의 발로는 곧 순수한 즐거움입니다. 자신이 관심을 쏟는 대상에 완전히 몰입하는 경험 속에서 창의적 해법을 발견하는 것입니다.

심리학자 미하이 칙센트미하이는 인간의 행복 조건을 창조적 '몰입'의 경험에 두었습니다. 그리고 교육학자 존 듀이는 우리 경험의 성장이 가져다 주는 즐거움, 즉 '하나의 경험'으로서 미적 경험을 창조적 몰입과 유사한 개념으로 사용하였습니다. 이 몰입의 경지는 사람들이 지금 하는 일에 푹 빠져 비교 대상이 없을 정도로 기쁨을 느끼는 상태를 말합니다.

창의성은 '상상력'을 기르는 것과 깊은 관련이 있습니다. 상상의 힘은 세상에 없는 엉뚱한 것을 떠올리는 공상이 아니라 사회적 관계나 상황에도 적용됩니다. 창의적인 사람은 타인이 처한 상황이나 입장에 공감하는 능력이 뛰어납니다. 주어진 상황, 사회적 관계 속에서 문제를 해결하기 위해 확산적으로 사고하고, 역지사지易地思之를 통해 공감하고 상상력을 발휘할 줄 압니다. 이런 사람은 타인을 존중하고, 비판적으로 사고할 수 있으며, 문제를 해결하기 위해 관습에 매몰되지 않습니다. 그리고 이들이 다름 아닌 민주시민입니다.

창의성을 함양하는 교육연극이 민주시민을 기르는 일과 어떤 관련이 있을까요? 교육연극은 예술 장르로서 연극 그 자체를 배우는 연극 교육과 차원이 다릅니다. 교육연극은 교육에서 가장 중요한 목표인 창의성을 함양한 민주시민, 21세기의 주요한 핵심 역량을 함양할 수 있도록 총체적인 경험을 제공하는 학습을 위해 필요한 교수학습 방법론이라고 할 수 있습니다. 나아가 이론에 머물지 않고 교실에서 직접 실행할 수 있는 예술교육이며 그 방법을 일컫습니다.

앞서 말한 대로 교육연극은 수업을 위한 방법 중 하나입니다. 그런데 그 흐름의 특징을 알면 수업을 계획하는 데 도움이 됩니다. 여기서 단계가 아니라 흐름이라 말한 것에 주의합니다. 분절적인 속성보다 전체 맥락이 중요하다는 의미에서 이 용어를 사용하는 것입니다.

l | 웜업은 수업의 시작

웜업은 본격적인 연극 수업에 앞서 몸과 마음을 풀어서 유연하게 만드는 활동을 이릅니다. 흥미를 유발하기 위한 단순한 놀이부터 교사의 이끄는 힘이 좀 더 필요한 연극놀이에 이르기까지 종류가 다양합니다.

어떻게 보면 교사들에게 놀이를 이끌어 가는 활동이 가장 힘겨운 일일 수 있습니다. 평소 아이들 앞에서 진지하고 엄격한 모습을 보이는 데 익숙한 교사라면 자신이 먼저 굳은 마음과 몸을 풀어야 하기 때문입니다. 또 강의식 수업이나 주로 언어 텍스트로 이루어진 수업에 익숙한 교사라면 웜업 진행이 가장 어려운 장벽이라고 느껴질 수 있습니다. 그 장벽을 넘어서기 위해 기꺼이 주변의 동료들과 함께 놀이 연수를 받는 선생님들의 노력에 박수를 보냅니다.

연극 수업을 이끌어 가는 데 얼마나 잘 놀 수 있느냐는 일종의 관문이라 할 수 있습니다. 처음에 잘 되지 않더라도 자꾸 연습하다 보면 어느새 레크리에이션을 지도할 만큼은 아니어도 한두 가지 놀이를 능숙하게 이끌어가는 자신을 발견하게 될 것입니다. 혹시 학생들과 놀이를 하고 난 뒤 선생님의 위엄이 사라져서 학생들의 지도가 어려워질까 두려워한다면 그런 걱정은 하지 않아도 됩니다. 학생들과 함께 놀다 보면 라포 형성이 더욱 수월해지고 따라서 학생 지도도 더 잘 이루어질 수 있기 때문입니다.

다음의 몇 가지 놀이는 특히 교실에서 학생들의 몸을 움직이게 할 수 있는 가장 쉬운 방법이기도 하여 소개합니다. 그리고 놀이 자체만으로도 좋은 수업이 됩니다. 여기에 소개된 것 이외에도 놀이를 수업의 워밍업으로 적용하는 방법들은《수업 중에 연극하자》를 참고해도 좋겠습니다.

워밍업 1 걷기 놀이

1 구령에 따라 걷습니다.

"초록불"에는 빠르게 걷습니다.

"노란불"에는 천천히 걷습니다.

"빨간불"에는 멈춥니다.

사이사이 박수 두 번, 점프를 섞어서 구령을 넣어 줍니다.

학생들은 그에 맞추어 교실 안을 자유로이 걷습니다.

2 "빨간불!"에서 멈추면 그때 미션을 줍니다.

예) 생일월이 같은 사람끼리 모여요.
머리 길이가 같은 사람끼리 모여요.
윗도리 색깔이 비슷한 사람끼리 모여요.

3 그룹이 만들어지면 다음과 같은 미션을 줍니다.

예) 생일월로 모였다면 그 달의 가장 특징적인 자연 풍경,
혹은 학교 행사를 정지장면으로 구성합니다.

웜업 2 건너가세요

1 학생들은 두 줄로 서서 마주 봅니다(수의 균형을 맞추어 양편
이 시작할 때는 거의 비슷한 숫자가 되도록).
2 선생님이 가운데 서서 질문하고 그에 대해 참이라고 생각
하거나, 해당되는 사람은 서로의 반대편으로 건너갑니다.
3 질문 내용은 교과 내용과 일상생활 정보, 상식 또는 난센
스를 섞습니다.

예) 아침 식사를 한 사람은 건너가세요.
하루에 밥을 세 끼 먹는 사람은 건너가세요.
혈액형이 A형인 사람은 건너가세요.

술래가 속한 모둠이 함께 벌칙을 받는 모습

웜업 3 윙크 드라큘라 놀이

학생들이 좋아하는 마피아게임을 살짝 응용한 놀이입니다.

1 학생들은 눈을 감고 모두 원 모양으로 둘러서서 발을 구릅
니다. 교사가 원의 둘레를 돌며 드라큘라를 정합니다(3~4명).

2 드라큘라를 정한 뒤 모두 눈을 뜹니다. 드라큘라가 아닌 사
람은 모두 시민입니다. 모두 무질서하게 걷습니다.

3 드라큘라는 아무도 모르게 윙크를 합니다. 드라큘라는 윙
크로 사람을 처치한 후 쓰윽 피를 흡수하여 생명을 이어간다
는 멘트를 날립니다.

4 드라큘라의 윙크를 받은 사람은 서너 발짝 걸은 후에 "으
악"하고 쓰러집니다(의자 위로).

5 시민들은 주의를 기울여 드라큘라로 의심되는 사람이 나
타나면 "스톱"을 외칩니다. "스톱"이 외쳐지면 모두 멈춥니다.

"스톱"을 외친 사람은 한 명을 지목하여 "당신이 드라큘라지?" 하고 말합니다.

6 지목된 사람은 변론의 시간을 갖습니다. 모두 지켜보고 마음속으로 판단합니다.

7 놀이를 이끄는 교사가 모두에게 투표를 하자고 합니다. 투표를 위해 손을 들거나 엄지 척 한 손을 밑으로 내린 수가 과반수이면 그는 의심을 받고 처형됩니다.

8 심판이 끝나면 그는 게임 상황 밖으로 나가 앉습니다. 이때 신분을 밝힐 수도 있고, 밝히지 않을 수도 있습니다.

2 | 본 활동

본 활동의 종류와 형식은 교과에 따라 다양해질 수 있습니다. 국어나 사회, 역사, 도덕처럼 문과적 텍스트와 이야기가 많은 교과와 달리, 수학이나 과학 교과 선생님들은 교육연극을 수업에 적용하는 것을 매우 난감해 합니다.

이런 경우에 '전문가의 망토' 방식을 적용하여 수업을 만들 수 있습니다. 이를테면 학생 모두가 과학자로 변신하여 어떤 마을에서 벌어진 괴이한 사건을 해결한다거나, 교사가 제시하는 해당 교과의 단원과 관련된 미션을 이행할 수 있습니다. 수학도 같은 방식으로 재미있는 수업을 구성할 수 있을 겁니다.

1) 전문가의 망토

전문가의 망토는 영국 교육연극의 선구자 도러시 히스컷 Dorothy Heathcote이 창안한 드라마 기법입니다. 학생들이 전문가가 되고, 교사는 사건이나 문제의 의뢰자 또는 의뢰를 대신 말해 주는 고문 역할을 맡는 방식입니다(회사의 사장이 되어도 좋습니다).

전문가가 된 학생들은 해당 문제의 해결을 위해 모둠별로 다양한 방법을 조사하고 연구합니다. 교사는 학생들에게 적절한 질문을 던져서 방향성을 잃지 않도록 합니다. 다만 전문가로서의 주도권은 학생이 쥐어야 합니다.

이 기법을 활용하면 여러 차시를 계획하거나 타 교과와 통합하여 진행할 수 있습니다. 발표 형식은 프레젠테이션, 상황극, 영상 등 다양하게 제시할 수 있습니다.

예) 어떤 도시의 르네상스를 원하는 시장의 의뢰를 받아서 도시개발 전문가로 변신한 학생들이 다양한 아이디어로 한 도시의 개발을 위해 노력합니다.

이 모든 활동에서 학생들은 전문가의 역할을 입고 활약을 펼칩니다. 가상의 상황이 이어지면서 역할을 인식한 학생들의 언어나 행동이 눈에 띄게 달라지는 모습을 목격할 수 있습니다.

2) 역할 속 교사(Teacher In Role, TIR이라 줄여 부름)

역할 속 교사의 방법 역시 활용도가 높습니다. 학생들의 활동을 적절하게 촉진하는 질문을 하거나 반전을 유도할 수도 있는 극적 효과 만점의 방법입니다. 교사가 역할을 입고 학생들과 함께 활동하거나 촉진자로서 활동하게 될 때 그러한 교사의 활동을 일컬어 사용하는 용어입니다.

전문가의 망토와 역할 속 교사는 함께 작동하는 방식이 될 수 있습니다. 어떤 전문가 집단을 불러 어떤 문제를 해결하게 할지를 관련 교과 교사들의 회의를 통해 정하고 스토리라인을 만들면 교사들이 각기 역할 속 교사로서 활동하면서 학생들을 전문가로 활약하게 하는 등 다양한 수업이 가능해집니다. 이 역시 자유학기제 통합교과 프로그램으로 적용하기에 좋습니다.

3 | 이야기 만들기

교육연극을 적용한 수업에서 늘 즉흥적으로만 하는 것이 아니라 미리 이야기를 구성하고 그것을 바탕으로 학생 스스로 다양한 연극을 만드는 방식도 가능합니다. 이미 있는 소설이나 시를 활용하여 이야기를 만들 수도 있고, 이미지나 영화의 한 장면도 소재가 될 수 있으며, 소리나 단어 하나만으로도 이야기를 구성할 수 있습니다. 그런데 학생들에게 미리 재미있는

TIR(역할 속 교사)를 하고 있는 장면

이야기 구성법을 알려 주면 이야기 구성에 보다 흥미를 느끼며 몰입하는 모습을 볼 수 있었습니다.

이야기 구성 방식의 예를 들어 보겠습니다. 소설가 제임스 스콧 벨James Scott Bell이 고안한 LOCK 방식인데요. 이는 소설이나 드라마가 흥미를 더하려면 어떤 요소가 필요한지 알게 해 주기도 하므로 학생들이 영화나 드라마를 분석할 수 있는 도구가 되기도 합니다.

약자인 LOCK를 각각 설명하면 아래와 같습니다. 이러한 방식을 알려준 후 전래동화를 분석해 보면서 연습하면 더욱 효과적입니다.

Lead(주인공): 매력적인 주인공을 정하고 성격을 구축한다.

Objective(목표): 주인공의 목표를 정한다. 즉 원하는 것이 무엇인가, 이루고자 하는 것이 무엇인가를 결정한다.

Confrontation(대결): 주인공의 목표 성취를 방해하는 사람이나 상황을 만든다. 일종의 갈등 구조를 만드는 것인데, 갈등의 강도와 진폭에 따라 흥미를 더할 수 있다.

K.O(완승): 주인공이 목표를 성취하는지 여부를 정한다.

4 | 팔로우업

팔로우업은 드라마 수업을 하고 난 후 반드시 합니다. 이 시간을 통해 학생들은 수업 시간에 경험한 것에 대하여 이야기를 나누고 혼자만의 생각에서 벗어나 사고의 확장과 다양성을 수용할 수 있는 태도를 기를 수 있기 때문입니다.

예술 그 자체의 활동이 아니라 예술을 활용한 수업의 경우 교육 목표나 핵심질문에 다가가기 위하여 세심하게 마련해야 하는 순서임을 강조하고자 합니다. 만약 팔로우업이 없다면 학생들은 즐거운 수업을 하긴 하였는데 그 수업을 통해 어떤 의미를 찾을 수 있을지 오리무중이 될 수도 있습니다. 연극을 굳이 활용하여 수업을 하였다면 그 의미를 함께 찾고 확장하는 작업으로 마무리하여 성찰과 심화의 시간을 갖도록 준비하여야 합니다.

그리고 하나 더, 교사가 마음에 두어야 할 것은 이 시간의 성찰과 정리를 할 때 시간을 좀 넉넉하게 두고 절대 서두르지

말아야 한다는 것입니다. 주어진 시간이 부족하다면 다음 시
간으로 미루더라도 충분히 이야기를 할 수 있도록 하는 게 좋
습니다.

드라마 기법을 일일이 열거한 책들은 얼마든지 있습니다. 수업에서 다양한 드라마 기법을 적용해 보는 것도 중요하지만 그 자체가 바로 교육연극은 아님에 주의합니다. 기법은 수업에서 다루고자 하는 주제와 이야기를 위해 필요한 수단일 뿐입니다. 다양한 드라마 기법을 아는 것보다 수업에서의 맥락에 따라 적절한 기법을 선택하고 질문으로 이끌어 가는 과정이 중요합니다.

1 | 마음을 살피는 '빈 의자'

빈 의자empty chair는 연극치료에서 흔히 사용하는 기법입니다. 비어 있는 의자(아무도 앉지 않은 의자)를 하나 놓고, 내담자 또는 참여자가 그 의자에 이야기를 하고 싶은 대상이 앉았다고 가정하고 말을 하는 방식입니다. 이를테면 갈등을 겪고 있는 상대방을 상상으로 앉혀 놓고 대화를 하기도 합니다. 이 기법은 대상이 사람이 아니라 의자이기 때문에 저항감이 적고 보다 자유롭게 내면의 이야기를 할 수 있어 내담자 자신을 이해하는 데 도움이 됩니다.

우리 모두는 서로 다른 크고 작은 상처를 지니고 살아갑니다. 그것이 쉽게 풀리기도 하지만, 오래되었거나 혼자서 풀기 힘든 상처가 있을 때 서로의 힘에 의지해야 할 때가 있습니다. 이것은 상담 기법이기도 하고, 서로의 마음을 위로해 주는 드라마 기법이기도 합니다. 때로는 선생님과 학생, 학부모 둘 혹은 소수가 참여할 수도 있고, 여럿이 함께할 수도 있습니다.

이를테면 무서워서 말을 못했던 폭력의 가해자가 앉았다는 가정하에 피해자 혹은 방관자인 학생이 평소 마음에 담아 둔 이야기를 하는 것입니다. 시작이 쉽지 않지만 일단 이야기를 꺼내고 나면 상황이 폭발적으로 전개되면서 마음속의 응어리가 풀리기도 합니다.

1 진행 방법

자신을 답답하게 하는 부모, 선생님, 친구, 선배 등 최근의 사건이나 오래된 사건이라도 현재 마음을 힘들게 하는 대상을 생각합니다.

- 빈 의자를 앞에 두고 앉습니다.
- 빈 의자에 자신의 마음을 힘들게 하는 사람이 있다고 가정해 봅니다.
- 빈 의자를 바라보며 말을 합니다. 예를 들어, '나는 그때 이런 감정이었고, 그 상황에서 당신(너)의 이런 행동은 이런 기분이 들게 하였다'는 식으로 혼자 말해 봅니다.

빈 의자는 자발성이 필요한 활동이므로 억지로 한 명을 이끌어 내 시범 보이지 않도록 유의합니다. 만약 다루고자 하는 내용이 지극히 개인적인 사건이나 감정인 경우에는 여러 사람 앞에서 공개하는 것이 불편할 수 있습니다. 그 경우 선생님이 따로 상담할 때 활용하는 것이 좋습니다.

2 역지사지를 실천하는 역할 바꾸기

빈 의자 기법을 적용한 다음에는 역할 바꾸기를 통해 역지사지를 경험하도록 유도할 수 있습니다. 역지사지와 공감은 의미는 약간 다르지만 나와 처지가 다른 사람의 생각과 느낌을 마치 내 것처럼 경험할 수 있다는 점이 동일하다고 할 수 있습니다. 그런데 이런 경험은 끊임없이 노력하지 않으면 실천하기 어렵기에 의미가 있습니다.

예를 들어, 학생끼리 싸웠을 때 서로 입장을 바꾸어 대화하게 합니다. 자녀 문제로 고민하는 학부모에게 자녀의 역할이 되어 보도록 하는 것이죠.

- 먼저 편안한 분위기에서 학부모는 자신의 자녀가 되었다고 상상합니다.
- 교사는 대상과 있었던 어떤 사건에 대해 상황을 설정하고 다음과 같은 질문을 해서 역할을 인지시킵니다. "이름이 뭐예요? 장점이 무엇인가요? 부모님은 누구예요? 우리 부모님의 좋은 점은 무엇이죠? 부모님은 요즘 행복해 보이나요?"

- 어떤 상황에서 어떤 이유로 그러한 행동을 하였는지 상대방 즉, 내 자녀라면 어떻게 말할지 상상하며 자녀의 역할을 입고 이야기합니다.
- 엄마 혹은 아빠에게 하고 싶은 말이 무엇일지 교사가 질문합니다. "요즘 힘든 일이 있구나, 무엇이 가장 힘드니?" 등 사이사이 이야기를 꺼낼 수 있도록 질문합니다. 어느 정도 이야기를 나누고 나면, 주인공(부모 또는 교사)으로 돌아오도록 역할을 벗습니다.

3   소감 나누기

미처 솔직한 대화를 나누지 못했거나, 오해를 쌓아둔 채로 마음이 계속 불편했던 상황이 있다면 이러한 활동을 통해서 해소해 보는 경험을 하며 무엇이 자신을 솔직하지 못하게 했는지 이야기 나눕니다.

먼저 자발적으로 나선 지원자들에게 편지 쓰기, 엽서 쓰기, 그림 그리고 격려의 한마디 써주기 등 다양한 방식으로 먼저 활동을 한 후 이야기 나누기를 진행할 수도 있습니다. 상황에 따라 다양한 방식을 응용하기 바랍니다.

2 | 핫시팅

핫시팅hot seating은 '뜨거운 의자'라고 옮기기도 합니다. 이것은 공연이 끝난 뒤 연극 속 인물을 소환하여 의자에 앉히고 관객들이 질문을 던지는 드라마 기법입니다. 이때 의자에 앉은 사람은 본인이 아니라 연극 속 인물이 되어서 답변해야 합니다. 마치 그 인물인 것처럼 당시의 상황이나 내면의 정서 등을 털어놓습니다. 이러한 활동을 통해 관객은 그 인물을 더욱 깊이 이해할 수 있습니다.

의자를 사용한다는 점에서 빈 의자와 비슷하지만, 목적과 진행 방식, 적용하는 상황이 다릅니다. 핫시팅은 어떤 드라마 또는 상황극을 전개하고 난 다음 극중 인물을 소환하여 의자에 앉게 한 뒤 이런저런 질문을 던져 인물의 심층을 탐구하는 방식입니다. 역사적 인물을 소환할 수도 있고, 소설이나 연극 속 인물 등을 불러낼 수도 있습니다. 역사적 인물을 불러내는 경우는 주인공 인물이나 질문자가 미리 준비하면 효과적입니다. 참여자가 모두 안다는 가정하에 더 깊은 이야기를 질의 응답하는 방식인 셈입니다. 교사는 참여자들의 질문이 끊이지 않도록 사회자 역할을 합니다. 간혹 주인공에게 곤란한 질문이 나오면 적절하게 순화하는 역할도 합니다.

예를 들면, '신데렐라' 이야기 속에서 주인공 신데렐라를 빈 의자에 불러내겠다고 하고, 그 역할을 해보고 싶은 사람이 자발적으로 나옵니다. 신데렐라 역의 지원자(주인공)에게 질문을 하고, 주인공은 신데렐라 입장에서 답변을 합니다. 이번에는 신데렐라 맞은편에 빈 의자를 두고, 그녀가 가장 이야기를 하고 싶은 상대를 소환하도록 요청합니다. 이를테면 새엄

의자에 앉은 사람은 역할로서 감정이나 속마음을 드러낼 수 있음

마, 이복 언니들, 아버지를 불러냅니다. 그들이 반대편 빈 의자에 앉아 있고, 신데렐라 역의 주인공은 하고 싶은 말을 하도록 합니다.

동화 속 주인공의 역할을 입고 이야기하므로 자신의 직접적인 이야기를 토로하는 두려움에서는 일차적으로 한 걸음 뒤로 가면서도, 질문에 답을 하거나, 대상 인물을 소환하여 말을 할 때는 주인공 내면의 이야기를 간접적으로 하게 됨으로써 조금 안전하게 마음속의 이야기를 꺼낼 수 있습니다.

이렇게 핫시팅을 할 때 질문자는 그 이야기 속의 인물이 될 수도 있고, 그냥 자신으로서 질문할 수도 있습니다. 선생님도 핫시팅을 통해 어떤 역할을 입고 활동하는 TIR이 되어 질문들에 대답할 수도 있습니다.

* 핫시팅과 빈 의자 기법

빈 의자 기법은 종종 역할배우들을 직접 의자에 앉혀 놓고 궁금한 점을 물어보는 핫시팅과 혼돈하기 쉬운데요. 빈 의자 기법과 핫시팅이 어떻게 다른지 예를 들어 비교해 보겠습니다.

철수와 영희가 싸운 사건을 드라마로 만들어 학교폭력대책위원회에서 보여 주었다고 가정해 보죠. 드라마가 끝난 뒤에 학교폭력대책위원들이 당시 사건을 일으킨 가해자 쪽 배경을 파악하고자, 철수 역할을 맡은 배우를 소환해서 의자에 앉혀 놓고 왜 영희를 때렸는지, 평소 영희와 어떤 관계였는지 등을 물어볼 수 있습니다. 이것은 극중 인물을 직접 소환하여 대화를 시도한다는 측면에서 핫시팅에 해당합니다.

그런데 이번에는 피해자의 마음에 입은 상처를 깊이 이해해 보고자 영희에게 '저기 있는 빈 의자에 철수가 앉아 있다고 상상하고, 하고 싶은 말을 해보렴.' 이렇게 시킨다면 이 사례는 빈 의자 기법을 적용한 것입니다.

이렇게 핫시팅은 특정 역할을 맡은 인물을 직접 소환하여 대화를 시도하므로 드라마 속의 허구 인물이나, 역사 속 인물의 심층 탐구를 할 때 사용하면 좋습니다. 반면 빈 의자 기법은 특정 인물이 의자에 앉아 있다고 상상하고 그 대상에게 하는 독백이 주를 이룬다는 점에서 핫시팅과는 다릅니다.

만약 빈 의자를 활용한 활동을 공개 프로그램으로 진행할 경우 소설이나 동화, 역사 속 인물과 그 이야기를 바탕으로 하여 주인공이 되고, 그 인물이 갈등 관계에 있는 인물을 소환하여 실행하는 것이 안전할 수 있습니다. 즉 빈 의자와 핫시팅을 결합하여 인물 속 탐험을 하거나, 상황 속에서 인물이 느꼈을 법한 감정들을 상상하는 데 도움을 주는 것이죠.

3 | STOP/PLAY

이것은 아우구스토 보알의 포럼연극(Forum Theatre 토론연극)에서 관객배우가 주로 하는 역할에서 차용한 기법입니다. 관객배우spec-tator란 공연을 수동적으로 관람하는 데 그치지 않고 무대 위의 장면을 정지시키고 자신이 극 속에 참여하는 적극적인 관객을 말합니다.

관객배우는 마음에 안 드는 불편한 장면에서 정지를 요청하고 장면을 재구성하거나, 그 장면에 자신이 직접 배우로 참여하여 새로운 상황을 만들 수 있습니다. 이로써 연극은 만드는 사람과 바라보는 사람이 나뉘지 않고 함께 만들어 가며, 극장은 무대와 객석이 나뉘지 않고 하나의 공론장, 즉 포럼의 양상을 띠게 됩니다.

포럼연극은 '토론연극'으로 번역되기도 합니다. 하지만 토론을 하는 연극이라기보다 연극을 상연한 후 관객이 원하는 특정 장면을 재상연re-play하고, 그 장면에 관객이 자원하여 역할 연기를 해봄으로써 그 상황을 직접 체험하고 새로운 해결의 실마리를 찾기 위한 연극입니다. 연극의 상연과 토론, 해결

모색이 함께 이루어지는 특별한 연극 방식으로 넓게는 TIE에
포함됩니다.

4 | 역할 속 교사

교사가 드라마 속의 한 역할을 입고 참여하는 기법을 말합니
다. 교사는 드라마 속에서 특정한 역할로서 드라마를 이끌고,
통제하고 구체화하게 됩니다. 이를테면 사건 의뢰인이 되기도
하고, 상황 속의 한 인물이 되기도 합니다. 이때 교사가 사용
하는 언어, 태도 등은 학생들의 수업 맥락의 형성에 매우 중요
한 기준이 됩니다.

5 | 타블로와 즉흥극

타블로^{tableaux}는 '정지장면', '조각상' 또는 '스틸이미지'라고도
합니다. 배우가 하나의 장면을 정지된 동작으로 보여 주는 드
라마 기법을 이릅니다. 장면을 설명하는 것이 아니라 일종의
이미지로 연출하여 만들고 제시하게 됩니다. 때로 이 결과물
이 미적인 조형물의 모습을 띠면서 배우와 관객 모두에게 사
고의 촉발을 가져옵니다. 이때 너무 구체적인 장면을 연출하
려고 노력하기보다 주제나 상황을 추상적인 이미지로 표현할

수 있습니다. 느낀 그대로를 추상적으로 보여 줄 때 더욱 다양한 상상이 유발될 수 있음을 유념합니다.

6 | 말풍선과 앞으로 한마디

말풍선burble 놀이는 한 모둠이 정지된 장면, 즉 타블로를 표현하고 있는 상태에서 다른 참가자들이 타블로를 표현하는 인물의 마음속 대사를 대신 이야기해 주는 방식을 말합니다. 소리가 들리는 말풍선이라고 할까요?

여러 모둠 중 한 모둠이 타블로로 발표할 때 다른 모둠의 학생이 자원하여 나가 인물 중 한 사람의 마음속, 내면의 소리를 대신 말해 줍니다. 여러 명이 자원하여 여러 사람의 대사를 차례로 말할 수도 있습니다. 주로 타블로 속 인물 가운데 궁금하거나 흥미로운 인물을 골라 말풍선을 해줍니다.

앞으로 한마디는 일종의 독백입니다. 말풍선 기법과 달리, 타블로를 표현하고 있는 사람들이 차례로 관객 앞으로 나와서 이 상황에 대한 속마음이나 현재의 기분, 감정을 마치 독백을 하는 배우처럼 말하고 다시 타블로 속으로 들어가는 기법입니다.

7 | 코러스

그리스 비극에서 추출한 드라마 기법입니다. 그리스 비극에서 코러스가 합창단에서 노래하였듯이 노래와 춤으로 극의 사이사이에서 중요한 역할을 합니다. 그러한 방식을 그대로 재현하지 않더라도 유사한 효과를 볼 수 있도록 하는 것입니다.

참여자 가운데 몇 명은 코러스로 구성하고 나머지가 극을 이끌어 가게 합니다. 코러스는 극의 분위기에 맞도록 특정한 단어나 문장, 또는 그것에 음률을 더한 노래의 일부를 사이사이 넣어 주게 됩니다. 극의 미적 효과를 배가하며 내용이나 중요한 주제를 전달하는 기능이 있습니다.

8 | 인간지도

교실 공간이 넓거나 체육관, 무용실 등을 사용할 수 있다면 인간지도라는 드라마 기법을 활용해도 좋습니다. 인간지도는 교실 공간을 우리나라 또는 세계지도라고 생각하고 교사가 한 곳을 중심 잡아 위치를 정한 후 명령어에 따라 학생들이 동서남북 위치로 이동해 가는 방식입니다.

가령, 교사가 교실의 각 지점을 '서울(○○동)' 등등으로 정하고 '가장 기억에 남는 선생님을 만났던 동네(고장)로 가세요!'라고 하면, 학생들은 각자 해당되는 지역으로 이동합니다. 그렇게 되면 같은 동네에 대한 추억을 가진 학생들끼리 모입니다. 이들이 서로 대화를 나누다 보면 예상하지 못했던 이야기가 나오기도 합니다. 같은 유치원을 다녔다거나, 같은 초등학교를 다녔다거나 하면서 새로운 이야기들이 나옵니다.

9 | 살아 보기

살아 보기living through는 참여자들이 해당 장면의 시대적 배경과 공간에서 살았을 법한 어떤 인물을 설정하여 그 역할을 입고 잠시 동안 즉흥극을 하며 그 시대의 사람들로서 목소리를 내고 주위 사람들과 상호작용하는 활동을 말합니다. 역사적으로 다른 시대의 삶을 살아 보면서 유추할 수 있는 그들의 삶을 상상해 보는 활동이므로 이 활동을 통해 텍스트만으로 파악하는 것과 달리 입체적이고, 정서적인 상상이 가능합니다.

2

문학 텍스트로
연극하기

국어 교과, 특히 문학 부분은 살아 있는 수업을 할 수 있는 보물창고입니다. 문제는 우리나라 문학 수업 텍스트의 상당수가 20세기 초중반 일제강점기를 배경으로 한다는 사실입니다. 학생은 물론이고 교사도 경험해 보지 못한 시대입니다. 텍스트의 배경이 되는 시대와 사회적 상황을 파악하지 못한 상태에서는 문학 작품을 제대로 이해할 수 없으며, 또 현재적 관점에서 재해석하여 자기 것으로 만들기도 어렵습니다.

연극이 이 난감함을 해결할 수 있습니다. 어떤 희곡을 바탕으로 연극을 하는 것은 주어진 텍스트의 복제를 의미하지 않습니다. 그리고 문학도 지나간 시대의 배경과 인물을 소재로 하더라도 현재의 우리가 읽게 되면 전혀 다른 이야기로 탄생됩니다. 단순하게 말하면 연극을 통해 문학을 이해하기 위해 실제 등장인물이 되어 그들의 상황과 처지를 체험하도록 하는 것입니다. 등장인물이 되어 스토리 속에 들어갈 경우 학생들은 현대적 관점에서 이해할 수 없는 갖가지 상황에 처하고, 이것이 다양한 질문을 촉발하면서 역사와 사회에 대한 이해로 발전하게 됩니다.

이 과정에서 학생들은 등장인물의 관점과 현대 독자의 관점에서 대화하고, 과거 사회와 오늘날 사회의 관점에서 대화합니다. 이것이 진정한 융합수업이며 질문 있는 수업입니다. 자유학기제 도입 정신에도 가장 걸맞은 수업이라 할 수 있습니다. 삶과 사람에 대하여 질문을 할 때 자신의 삶과 함께하는 사람들을 이해할 수 있으며, 그런 가운데 무엇을 하고 어떻게 살아야 할지 고민하게 될 것이기 때문입니다.

여기에서는 문학 작품 가운데서도 교과서에 가장 많이 나오거나 손쉽게 구해서 읽어볼 수 있는 한국 근현대 소설과 시 몇 편을 골라 이것을 바탕으로 구상한 연극 수업을 소개합니다. 엄밀히 말하면 연극 수업이 아니라 연극을 포함한 문학, 사회, 도덕, 토론 융합수업입니다.

각 수업 사례는 모두 2시간 블록타임 기준으로 편성되었으며, 최대 8시간(16차시)까지 활용할 수 있습니다. 만약 이보다 적은 시간을 활용하고 싶을 경우에는 활동 일부를 선택하여 재구성할 수도 있습니다.

I | 수업 개요

현진건의 〈운수 좋은 날〉은 아마 청소년들에게 가장 널리 알려진 소설일 것입니다. "왜 먹지를 않나?"라는 대사가 코미디 유행어로 사용될 정도였으니 말입니다. 그래서 이 작품을 첫 번째 꼭지로 선정하였습니다.

우리는 살면서 종종 딜레마 상황에 처하게 됩니다. 그때 어떤 것을 기준으로 판단하면 좋을까요? 가장 중요한 기준이 무엇일까요? 사람마다 삶의 가치관마다 기준이 다를 게 분명합니다. 문학 작품 속에 등장하는 인물들의 상황에 대하여도 읽는 사람마다 해석이 다를 것입니다.

사실 이 수업은 지도하는 대학원 학생들을 위해 문학 작품을 고르다가 구상하게 되었습니다. 대부분 그 내용을 알 터이니, 그 내용을 바탕으로 교육연극 프로그램을 만들어 수업 시간에 함께 이야기를 나눌 수 있으면 좋겠다고 제안하였지요. 작품을 읽고 나자 학생 한둘이 매우 우울한 표정을 지었습니다. 너무 안타깝고 슬픈데 자신이 이러한 처지의 이웃을 위해 해줄 게 없다는 생각에 더욱 우울해진다는 대답이었습니다. 그들에게 "괜찮아요. 여러분 잘못이 아니에요."라고 위로하고 싶었습니다. 그래서 함께 해결하기 위해 무엇이 필요할지 탐구해 보기로 하였습니다. 그러한 관점에서 짜여진 이 프로그램

즉흥극

은 이웃의 문제가 다만 개인의 문제가 아님을 알게 하는 차원으로 나아갑니다. 즉 사회적 공론, 국가의 제도와 관련된 범위까지 확대되어 갑니다.

이 수업의 시작은 간단합니다. 현진건의 대표적인 단편소설 〈운수 좋은 날〉을 함께 읽고, 이 속에서 중심 갈등, 그 이후의 이야기 및 제기할 수 있는 문제들을 중심으로 연극 활동을 진행합니다. 그리고 이를 바탕으로 토론과 각종 팔로우업 활동을 실시하는 것입니다. 다만 어떤 질문을 하고, 무슨 이야기를 나누며 어디로 이끌어 갈지 선생님의 질문이 앞서 진행되어야 한다는 것이 중요합니다.

교과서의 소설을 연극으로 개작하는 수업 방식은 그동안 학교 현장에서 자주 활용되었습니다. 하지만 이번 수업은 소설을 통째로 연극으로 옮기기보다는, 문제의식과 질문이 관련된 부분을 중심으로 연극을 구성하고자 합니다. 또 학생들이 자기의 관점에서 이를 재구성하거나 창조하게 합니다.

이 수업에서 가장 큰 특징은 바로 현재성의 활용입니다. 학생들이 김첨지의 이웃이 되어 살아 보기 활동을 하면서 주어진 소설이 현재화 되는 과정을 경험하게 될 것입니다. 또 김첨지와 그의 아내 역할을 하면서 시공을 초월한 갈등의 원인을 느낄 수도 있을 것입니다. 이러한 연극 활동을 통해 학생들은 소설의 배경이 되는 시대와 사회는 물론이고 이를 현재 살고 있는 사회에 대한 문제 제기로 확장할 수 있습니다. 다시 말해 내가 살고 있는 사회와 나의 현주소, 함께 살아가는 사람들의 삶에 대해 지녀야 할 태도들을 시민의 관점에서 이해하는 방향으로 나아갈 수 있습니다.

2 | 수업의 실제

❚ 웜업

우선 학생들의 팀워크와 스스럼없는 표현을 유도하기 위해 웜업을 실시합니다. 학생 수, 학년, 성비, 학업 수준 등 집단의 특성에 따라 효과적인 웜업이 달라질 수 있습니다.

일단 이 수업에서는 다양한 연극놀이와 더불어 인간지도 기법을 사용하였습니다. 인간지도는 추억이 담긴 곳으로 상상의 여행을 한 뒤 서로 대화를 나누고 그중 가장 인상적인 이야기를 드라마로 만들어 표현하는 과정 동안 구성원 사이에 라포를 형성하는 프로그램입니다. 추억을 더듬어 극화하다 보면 우리의 기억 또는 감정의 깊은 곳에 깔린 사람의 관계나 거기서 빚어진 다양한 사건, 그리고 그 사건에 얽힌 자신의 해석과 내면화의 의미를 깨닫게 됩니다. 따라서 연극놀이는 단순히 웜업으로 치부하기엔 꽤 독립적이고 수준 있는 교육연극이라고 말할 수 있습니다.

먼저 간단한 연극놀이를 통해 몸을 부드럽게 풀어 주고 마음을 데워 봅시다. 여기에 소개한 연극놀이는 꼭 해당 수업만이 아니라 다른 수업에서 언제든 활용할 수 있으며, 학기 초에 전반적인 웜업을 위해 사용할 수도 있습니다. 물론 이 연극놀이말고도 다양한 놀이를 실시해도 무방합니다.

새-둥지-태풍 놀이

이 놀이는 학생들의 친밀감과 신체 활동을 활성화하는 데 꽤 효과적입니다. 중학생들은 간혹 이성 간에 손잡기 놀이를 하면 서로 어색해 합니다. 이런 경우 즐거운 놀이가 어려울 수도 있으므로, 놀이에 들어가기 전에 다 함께 적극 참여하겠다는 약속을 하는 것이 좋습니다.

1 학생들을 3인 1조로 편성합니다. 학생들의 숫자는 3의

새-둥지-태풍 놀이를 하는 중

배수보다 한 명이 많아야 합니다. 두 사람이 서로 손을 맞잡아서 둥지를 만들고, 한 사람은 그 안에 들어가 새가 됩니다. 이때 새가 된 사람은 날갯짓을 하고 새소리를 내서 자신의 정체를 알립니다.

2 어느 둥지에도 들어가지 않은 사람이 술래가 됩니다. 술래는 '새, 둥지, 태풍' 세 가지 구령 중 하나를 외칩니다. 그리고 다른 둥지에 새가 되어 들어가거나, 다른 친구와 손을 맞잡아 술래가 됩니다. 그 결과로 둥지도 새도 되지 못한 사람이 새로운 술래가 됩니다.

3 '새'가 불리면 둥지 안의 새들은 둥지로부터 빠져나와 다른 둥지를 찾아 들어갑니다. 이때 둥지는 손을 맞잡은 채 새를 기다립니다.

4 '둥지'가 불리면, 둥지는 손을 맞잡은 채로 다른 새를 찾

아갑니다. 새는 날갯짓을 하며 '새, 새'하고 있다가 새로운 둥지가 찾아올 때까지 자리에 서서 기다립니다.

5 '태풍'이 불리면 모두가 헤쳐 모여가 됩니다. 새는 둥지가 될 수 있고, 둥지는 새가 되거나 다른 사람과 손을 맞잡아 새로운 둥지를 만들 수 있습니다.

6 '태풍'을 외치기 전에 술래는 다양한 미션을 결합하여 외칠 수도 있습니다. (예: "벽 짚고 와서 태풍!" 하고 외치면 모두 벽을 짚고 와서 둥지를 새로 만들어야 합니다.)

의자 뺏기 놀이

구성원 수보다 하나 적은 의자를 교실에 가능하면 큰 원을 그리도록 배치합니다. 자리를 찾지 못한 한 사람이 술래가 되며, 나머지 구성원은 의자에 앉습니다. 의자 뺏기 놀이는 종류가 다양하므로 그중 몇 가지만 예를 들어 보겠습니다.

예) 샐러드 게임

1 샐러드 게임은 가장 단순한 의자 뺏기 놀이입니다. 샐러드 재료는 구성원의 수에 따라 개수를 정하는데, 20명 정도면 4종류가 적당합니다. 사과, 배, 참외, 망고 같이 말입니다.

2 앉아 있는 순서대로 사과, 배, 참외, 망고, 사과, 배, 참외, 망고 등의 과일이 됩니다. 술래도 과일이 됩니다.

3 술래가 가운데에 나와서 과일 이름을 부릅니다. 가령

사과를 부르면 사과들만 자리를 옮깁니다. 이때 술래는 빈자리를 얼른 차지하고, 의자를 빼앗긴 사과는 새로운 술래가 됩니다.

4 술래가 "샐러드!"라고 부르면 모두 자리를 옮깁니다. 이때는 바로 옆자리가 아니라 적어도 옆 옆 자리로 옮겨야 합니다.

이 놀이를 할 때 경쟁이 과열되다 보면 몸을 다칠 수 있으니, 미리 주의를 단단히 주어야 합니다.

예) 당신의 이웃을 사랑하세요

1 먼저 술래가 한 사람에게 다가가 "당신의 이웃을 사랑하세요?"라고 질문합니다. 질문을 받은 사람은 "예." 또는 "아니오."라고 답합니다. "예."라고 답하면 질문 받은 사람의 양쪽에 앉은 사람끼리 자리를 바꾸어야 합니다. 이때 술래가 재빨리 그 자리를 가로챌 수 있습니다.

2 "아니오."라고 답한 경우 술래는 "그럼 누구를 사랑하세요?"라고 다시 묻습니다. 이때 호명된 사람은 조건을 대고 대답합니다. 가령 "안경 쓴 사람을 사랑합니다."라고 답하면 안경 쓴 사람들만 자리를 바꾸고, "여자를 사랑합니다."라고 답하면 여학생들만 자리를 바꿉니다. 이때 술래는 빈자리를 차지할 수 있으며, 의자에 앉지 못한 사람이 새로운 술래가 됩니다.

3 "모두를 사랑합니다."라고 대답하면 모두 일어나 자리를 바꿉니다. 이때 샐러드 게임과 마찬가지로 자신이 앉은 자리의 옆옆 자리보다 멀리 이동해야 합니다.

예) 저는 이런 사람인데, 당신의 이웃을 사랑하세요

이 놀이는 좀 더 복잡합니다. 술래가 "나는 ~~입니다."라고 자기를 소개한 후 한 사람에게 다가가 "당신의 이웃을 사랑하세요?"라고 묻습니다. 이후 진행은 '당신의 이웃을 사랑하세요' 놀이와 동일합니다. 새로 술래가 된 사람이 가운데에 서서 자기소개를 한 가지씩 하고 의자 뺏기 놀이를 시작합니다.

신호등 놀이

'걸음 걷기, 팔 움직이기, 움직이기와 멈추기'는 무대 위에서 가장 기본적인 동작이지만 자연스럽게 하기 참 어려운 동작이기도 합니다. 이런 동작들을 놀이처럼 익힐 수 있는 것이 '신호등 놀이'의 가장 큰 장점입니다. 또한 빨간불을 외치고 그룹을 만드는 순간 같은 조건에 해당하는 사람들끼리 아주 잠깐 사이에 유대가 형성되기도 한다는 의의가 있습니다. '무궁화꽃이 피었습니다'도 놀이 형식은 다르지만 비슷한 효과를 낼 수 있어서 좋습니다.

1 각 신호에 대해 약속을 정합니다.
　파란불 - 평소 속도로 걷기, 노란불 - 느리게 걷기,
　빨간불 - 정지하기
　신호등 구령 사이사이에 '박수 두 번' 또는 '점프' 등의 구령을 더해 재미와 집중을 더합니다.

2 학생들을 교실 안에서 적절한 속도로 나름대로 움직이게 합니다. 이때 교실 안 공간의 곳곳을 인식할 수 있게 적절한 멘트를 넣어 주어도 좋습니다. 한 방향으로만 걷지 말고 무질서하게 걷도록 합니다. 교사가 '파란불'을 부르면 학생들은 편안한 속도로 걷고, '노란불'을 부르면 서서히 속도를 줄이고, '빨간불' 하면 정지 동작을 취합니다.

3 빨간불에서 교사가 다양한 미션을 부여합니다. "빨간불! 윗도리 색깔이 비슷한 사람끼리 모여요!", "빨간불! 생일 월이 같은 사람끼리 모여요!" 이렇게 그룹이 만들어지면 그룹별로 타블로(정지동작)로 표현할 것을 요청합니다.

이를테면 윗도리 색깔이 비슷한 그룹은 윗도리 색깔로 가장 잘 표현할 수 있는 '동물' 이미지를 구성원 모두가 한 마리를 형상화하거나, 구성원 각각이 그 동물의 다양한 모습을 형상화하여 보여 주게 할 수 있습니다.

생월이 같은 그룹에게는 그해의 달력을 월별 이미지를 넣어 만들 테니 타블로로 표현해 달라고 요청할 수 있습니다. 모든 달이 채워지지 않을 경우 4계절로 묶어서 계절별 엽서 전시를 해도 좋습니다.

추억의 장소로 이동하기

이 연극놀이는 교실 공간에 방위만 정하고 사람이 이동하여 위치를 정하게 되므로 '인간지도'라고 합니다.

1 몸이 적당히 풀렸으면 학생들에게 가장 아름답거나 즐거운 추억이 무엇인지 생각하게 합니다. 그리고 그 추억의 배경 장소가 어딘지 확인하게 합니다.

2 이제 추억의 장소로 이동합니다. 그러려면 먼저 교실을 우리나라 또는 세계로 확대해야 합니다. 교사가 서 있는 곳을 중심으로(교실 가운데) 동서남북을 정한 뒤 학생들이 각자 생각한 아름답고 즐거운 추억이 담긴 장소의 위치로 이동하게 합니다. 가령 서울이 가운데라면 인천, 중국, 유럽은 서쪽으로 가고, 강릉, 일본, 미국은 동쪽으로 갑니다.

3 추억의 장소별로 학생들이 모였으면, 비슷한 지역 또는 동서남북별로 묶어서 모둠을 만들어 줍니다. 모둠별로 각자의 아름다운 추억(또는 가장 기억나는 사건 등 다양하게 제시 가능)이 무엇인지 이야기를 나눈 뒤 베스트 스토리를 선정합니다.

4 각 모둠별로 베스트 스토리의 특징적 장면을 타블로로 만들어 봅니다.

각 모둠별로 타블로를 발표한 뒤 그 상황을 간단한 동작으로 보여 주고 설명합니다.

소설 읽기

먼저 연극의 재료가 되는 소설을 읽는 것이 활동의 시작입니다. 모둠별로 둘러앉아 소설 〈운수 좋은 날〉을 읽어 봅니다. 이때 눈으로 말고 돌아가며 소리 내어 읽습니다.

소리를 내어 낭독을 하는 것은 재미있고도 중요한 작업입니다. 본래 독서는 낭독으로 시작되었다고 하지요. 요즘은 묵독을 많이 하지만. 연극을 함께하기 위해 소리를 내어 읽음으로써 그 글의 분위기를 미리 파악할 수도 있고, 학생들끼리 친구들의 음성이 지닌 특징을 들으며 새로운 경험을 하게 됩니다. 이러한 활동을 통해 발음이 교정되는 긍정적인 효과도 얻을 수 있습니다. 다만 목소리가 작은 학생들이 힘들어하기도 하는데, 이때 위축되지 않도록 격려를 잊지 말아야 합니다.

또한 자연스럽게 표현하고 싶은 대로 읽게 합니다. 연기를 하면서 읽고 싶은 사람, 그냥 차분히 읽고 싶은 사람 등 다양한 읽기 방식을 존중해 줍니다. 한 문단 또는 한 문장씩 돌아가며 읽기보다는 누구든 읽고 싶은 곳까지 읽으면 옆 사람이 이어가며 읽는 방식이 좋습니다.

2 드라마 활동

역할 입기

이제 본격적인 연극 활동으로 들어갑니다. 여기서 가장 고려할 사항은 참여자들이 역할을 입고 벗는 과정입니다.

'역할 입기'는 드라마 속 인물이 되어 생각하고 행동하는 활동이고, '역할 벗기'는 다시 원래의 학생으로 돌아오는 활동입니다. 역할을 입었을 때는 작품 속 인물의 생각과 감정을 이해할 수 있습니다. 한편 역할을 벗었을 때는 거리를 두고 판단하므로 작품 속의 문제를 자신의 삶과 사회로 확장할 수 있습니다.

역할 입기는 배우가 연기를 할 때의 원리와 같습니다. 실제는 아무개이지만 역할을 입으면 아무개는 사라지는 것이 아니라 아무개인 채로 그 역할을 하게 됩니다. 새로운 옷을 입었다고 그 사람의 본질이 달라지지 않는 것과 같습니다. 그러나 옷을 그리고 역할을 새로 입었기 때문에 본인이 아닌 다른 사람처럼 행동하고 말할 수 있게 됩니다. 다른 사람의 캐릭터를 연기하고 그의 입장이 되어 말하면서 말로 표현하기 힘든 새로운 경험을 합니다. '나'이면서도 내가 아닌 사람으로 말과 행동을 하게 되기 때문입니다. 역할 수행을 마치고 나서 역할을 벗으면 옷 갈아입기와는 차원이 다른 정서의 상태에 놓이게 됩니다. 이렇게 연극은 몸이 우선 경험하는 예술입니다. 마치 내가 아닌 사람이 되어 경험한 정서를 통해 '공감'이 가능해집니다.

역할 입기 1: 이야기를 나누고 타블로(정지장면)로 표현하기

- 텍스트를 다 읽었으면 가장 인상 깊었던 장면이 무엇인지 서로 이야기합니다.
- 각 모둠별로 가장 인상 깊었던 장면을 선정하여 타블로로 만들어 봅니다.
- 각 모둠별로 자신들의 타블로를 서로 보여 줍니다.

함께 같은 텍스트를 읽었기 때문일까요? 장면을 보여 주면 대체로 어떤 장면인지 파악할 수 있습니다. 혹시 이해가 안 가서 모두 갸우뚱한다면 선생님이 이해를 돕기 위해 인물들의

어깨에 손을 올리고, 그 인물들은 즉흥 대사를 합니다.

tip

학생들이 타블로가 아니라 움직이는 연기를 원할 경우 이를 허용
하되, 결정적인 순간에 교사가 '스톱'을 외치면 즉시 타블로로 고정
하도록 한다. 몇 초간 움직이지 않도록 하여 정지된 동작의 미적 표
현을 느낄 수 있도록 하면서 이끌어 간다.

역할 입기 2: 작품 속 인물처럼 살아 보기

학생들은 이제부터 김첨지의 이웃이라고 가정하고 다음과
같은 역할을 맡습니다.

국밥집 주인, 김첨지가 세 들어 사는 집의 주인, 동네 구멍
가게 주인, 인력거를 같이 모는 친구 등

잠시 후 선생님은 인터뷰를 진행합니다. 김첨지가 평소 아
내와 사이가 어떠했는지, 그들이 어려운 생활 속에서 가장 보
기 좋았던 점과 딱했던 점 등을 임의로 묻고, 이웃들은 즉흥
적으로 대답을 합니다.

역할 입기 3

〈운수 좋은 날〉에는 다음과 같은 기본적인 갈등, 선택의 상
황이 있습니다. 학생들은 이 각각의 갈등 상황 속에서 역할을
입고 활동합니다.

마누라가
말리는데,
일을 나갈까?
나가지 말까?

→

유난히 장사가
잘 되는데,
여기까지 할까?
조금 더 할까?

→

집에 들어갈까?
술을 조금
더 할까?

• 먼저 첫 번째 상황입니다. 2인 1조로 팀을 나눈 뒤 가위바위보를 합니다. 이긴 사람이 역할을 선택할 수 있도록 하고, 한 사람은 김첨지, 한 사람은 아내 역을 맡습니다. 아내는 김첨지에게 그날 아침 일을 나가지 말라고 간청하고, 김첨지는 나가야 한다고 설득합니다. 이 간청과 설득은 모두 타당한 이유가 있어야 하는데, 이를 위해 소설의 원래 대화뿐 아니라 각자 아내와 김첨지 입장에서 할 법한 말을 상상하여 말합니다.

• 두 번째, 세 번째 상황도 동일한 방식으로 다음에 나오게 될 역할 벗기 활동까지 포함하여 진행해 봅니다.

역할 벗기

원래의 학생으로 돌아오는 과정을 진행합니다.

1 교사가 교실 한가운데에 섭니다.

2 그날 아침 일을 나가야 한다고 생각하는 사람은 교사의 왼쪽에 서고, 아내 옆에 있어야 한다고 생각하는 사람은 교사의 오른쪽에 섭니다.

3 양 팀이 서로 마주보고 앉은 뒤 맞은편 학생과 각자의 입장을 이야기합니다.

4 이야기가 어느 정도 진행이 되면 교사는 학생들이 나눈 이야기를 부분별로 발표하게 하여 입장 차이를 깨닫게 합니다.

드라마적 딜레마

이야기를 충분히 나누었으면 학생들에게 그날 아침 집에 있을 것인지, 일하러 나갈 것인지 결정하도록 합니다.

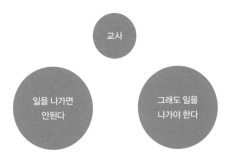

1 김첨지가 일하러 나가야 하는지 집에 있어야 하는지 입장에 따라 자리를 다시 이동합니다. 생각이 달라졌으면 이동하고, 그대로이면 그 자리에 머무릅니다.

2 이전과 생각이 달라진 사람들은 그 이유가 무엇인지 발표합니다.

상상의 내러티브

여기서부터는 원작 소설에 없는 내용을 창작합니다. 주제는 다음과 같습니다. 모둠별로 김첨지와 아내의 아름다운 추억을 창작하여 간단한 한 장면으로 구성하고 발표하도록 합니다.

> 김첨지와 아내가 마냥 이런 딱한 삶을 살지는 않았을 것이다. 이들에게도 아름다운 추억이 깃든 시간이 있었을 것이다. 어떤 추억이 있을까?

---

3 팔로우업

다양한 연극 활동을 통해 김첨지와 아내, 그리고 그 당시의 상황을 공감했다면 다음 과제는 배운 것을 현재 시점 자신의 삶에 투사해서 의식을 확장하는 팔로우업을 실시합니다. 여기에 소개된 팔로우업 방법은 꼭 〈운수 좋은 날〉 소설에만 적용되지 않습니다. 다른 수업에서도 적절히 변형, 응용할 수 있습니다.

남겨진 사람들은 어떻게 될까?

1 학생들을 4인 1조의 모둠으로 나눕니다(앉은 자리에서 편하게 나누는 것이 가장 좋습니다).

2 4인 1조의 모둠에게 아내가 죽고 남겨진 김첨지와 개똥이가 살아가려면 앞으로 무엇이 필요할지 3가지 정도를 정해

서 발표하게 합니다(2절지 정도의 큰 종이를 나누어 주고 쓰고 발표
하게 하는 방식도 좋습니다).

개인의 책임과 사회의 책임 구분하기

1 발표한 내용을 칠판에 바로 적거나 종이에 써서 붙입니
다. 이것이 김첨지와 개똥이가 살아가려면 필요한 것들의 목
록이 됩니다.

2 이 중에서 이웃사람이나 친구 등 개인이 해결해 줄 수 있
는 일, 개인이 해주기 어려운 일로 구분합니다. 그리고 개인이
돕기 어려운 일은 누가 하면 좋을지 구체적으로 적게 합니다.

3 국가나 공공기관 등의 중요성까지 의식이 확장되었으면,
그런 국가나 공공기관을 만들기 위해 필요한 일이 무엇일지로
생각을 넓히면 민주시민교육까지 나아갈 수 있습니다.

모둠별 토론과 발표: 나는 무엇을 할까? 국가가 없다니?

3 | 확장

이 소설의 배경은 우리가 살고 있는 시대가 아니라 1920년대
일제강점기입니다. 나라를 잃은 가난한 시민이 처한 난감한

삶의 문제는 누가 도와줄 수 있을까요? 소설이 담고 있는 주제와 내용을 바탕으로 수업을 확장해 볼 수 있습니다.

1 국가나 공공기관의 역할이나 기관별 특성을 상세히 알아보는 수업으로 융합 확장할 수 있습니다(국어과, 사회과, 도덕과와 융합).

2 관심의 영역에 따라 (육아나 교육 / 직업이나 경제 / 심리 상담이나 치료 등) 학생들의 진로교육으로 확장할 수 있습니다. 이 경우 자유학기제의 자율영역으로 편성하여 수업을 할 수도 있습니다.

* 생각 넓히기

운수가 좋다는 것은 무엇을 말할까요? 로또 당첨처럼 횡재를 하게 되면 그런 말을 쓸 수 있을까요? 웜업 활동으로 놀이를 할 수도 있지만, 둘러앉아 운수가 좋았던 경험을 이야기할 수도 있습니다.

역설적인 제목에서 인생이 새옹지마이고, 제로섬일 수 있음을 알 수 있습니다. 아니면 운수가 좋다는 것이 무엇을 의미하는지 성찰하는 시간을 가져도 좋습니다. 결국 삶의 매순간이 다시 오지 않을 테니, 선택 여하에 따라 달라지는 인생이라는 게 참으로 역동적이지 않나요?

한 가지, 모든 드라마 프로그램에서 가장 중요한 점이 이것이 아닐까요. 학생들과 무슨 이야기를 나누고 싶은가? 소위 학습목표, 핵심질문이 무엇인가? 〈운수 좋은 날〉에서 나누고 싶은 이야기는 무엇인가요?

> 이 수업은 지은이가 휴직 중 개발했고 대학원, 교사 연수에서 자주 다루었다. 진행하는 횟수가 늘어남에 따라 다양하게 적용할 수 있는 가능성이 많이 엿보였다.
> 특히 국가의 복지정책 또는 선거의 엄중함 등 시민의 선택과 책임으로 주제를 확장하는 수업을 통해 정치에 관심을 가져야 하며 적극적으로 선거에 임해야 한다는 등의 깨달음을 얻었다는 피드백이 많았다.

수업의 흐름

차시	과정	내용	유의 사항
1~2	웜업	적절한 놀이 소설 읽기	웜업 시간은 조정할 수 있음
3~4	드라마	인상 깊은 4장면 살아 보기 드라마적 딜레마	
5	드라마 팔로우업	상상의 내러티브 남겨진 사람들의 삶	모둠 구성
6	팔로우업	국가의 부재와 복지정책	모둠별로 발표함

Ⅰ | 수업 개요

김유정은 청소년들에게 널리 알려진 작가입니다. 특히 김유정의 작품 중 〈봄봄〉, 〈동백꽃〉은 교육과정이 아무리 바뀌어도 반드시 교과서에 수록되는 고전의 반열에 올라서 있습니다. 작가의 또 다른 걸작인 〈금 따는 콩밭〉 역시 교과서에 간혹 수록되지만 앞의 두 작품만큼 일반적이지 않습니다. 하지만 이 작품은 훨씬 깊이 있는 토론과 체험 그리고 확장이 가능한 보기 드문 수작입니다. 학생들에게 익숙한 김유정이라는 작가의 교과서 밖의 소설을 읽을 기회를 주고, 이를 통해 다양하고 풍부한 연극 활동을 하는 기회를 동시에 가져 볼 수 있습니다.

이 작품은 표면적으로는 희극입니다. 소설에 등장하는 인물들의 선택과 행동이 어이없고 우스꽝스럽습니다. 하지만 누구도 그들의 행동을 그냥 웃어넘길 수만은 없습니다. 이런 우스꽝스러운 행동을 할 수밖에 없게 만드는 잔혹한 현실, 이렇게라도 살아남아야 하는 가난한 사람들의 삶에 연민을 느낄 수밖에 없기 때문입니다. 그런데 그 연민의 감정은 가난한 사람들에게만 향하지 않습니다. 자기 자신과 우리 모두에게로 방향을 바꾸어 생각하게 합니다.

살아가는 동안 일상의 평화를 깨는 새로운 제안이나 유혹의 순간을 경험해 보지 않았다고 말할 사람은 드뭅니다. 그 제안이나 유혹이 꼭 경제적 이익과 관계된 것은 아니지 않습니까? 소중히 여기던 가치를 전복시키는 일종의 반란이 자기 안에서 일어난다면 그것이 어디에서 기인하는지 〈금 따는 콩밭〉을 통해 이야기를 나눠 봅시다.

2 | 수업의 실제

▌ 웜업

웜업은 몸과 마음의 이완뿐 아니라 주제에 익숙해지게 하는 활동으로 함께 구성해 보았습니다. 농경사회의 가장 중요한 생산수단인 땅, 그리고 땅이 없는 사람들의 절박한 삶 말입니다. 다음과 같이 진행해 봅니다.

노래하기

다 같이 노래를 불러봅니다. 상황에 따라서 학생들에게 노래를 여러 번 들려주거나 가르치는 등의 활동이 필요할 수도 있습니다.

우리에게 땅이 있다면 얼마나 좋을까

울 어머니 살아생전에 작은 땅이라도 있었으면

   – 한돌의 〈땅〉 중

모둠별로 그림 그리고 타블로 만들기

  1 노래를 부른 후 이들에게 땅이 필요한 이유가 무엇인지 모둠별로 이야기를 나누고, 4절지에 그림을 그립니다.

  2 그림을 그린 후 타블로로 표현해 봅니다. 그림이나 타블로로 표현하는 대상이나 양상이 사실적일 필요는 없습니다. 이 노랫말과 전혀 상관없는 장면을 만들어도 되고, 추상적으로 느낌만을 하나의 형상으로 만들어 표현해도 됩니다. 만드는 사람이나 보는 사람이나 느낌을 공유하는 데 중점을 둡니다. 대체로 이런 활동에서 학생들은 사실적인 그림에 구애받지 않아도 된다고 풀어놓으면 훨씬 기발한 아이디어로 표현하는 경우가 많습니다.

나에게 가장 소중한 물건은?

학생들은 자신의 물건 중에 가장 소중하게 여기는 보물 1호를 소개하고 유래와 소중한 이유를 이야기합니다. 웜업이라고 꼭 몸을 움직이는 놀이를 할 필요는 없습니다. 때로는 지금 소개하는 활동처럼 드라마와 이야기를 끌어내는 도입의 기능을 할 수도 있습니다.

학생들이 물건을 직접 보여 주어도 좋고, 그냥 말로 소개만 해도 됩니다. 중학생이라면 물건을 그림으로 그린 후 소개하는 방법도 가능합니다. 어떤 물건이든 대체로 얽힌 사연이 있기 마련입니다. 그 사연이 소중해서 물건이 소중해지는 경우가 더 많습니다. 사연을 소개하게 되면 물질에 대한 가치관의 대부분이 오해에서 비롯되거나 사회적 통념에 의해 부여된 것임을 발견할 수 있습니다.

2 드라마 활동

소설 읽기

이 수업은 〈운수 좋은 날〉 수업보다 한 걸음 더 나아가서, 독서를 통해 얻은 문제의식을 바탕으로 현재 시점의 문제를 연극으로 풀어나가는 수업입니다. 따라서 〈금 따는 콩밭〉 소설 그 자체는 웜업과 연극 활동 중간에 위치합니다. 상황에 따라서는 연극 활동을 먼저 하고, 독서 활동을 팔로우업으로 배치할 수도 있습니다.

이 수업에서 독서 활동은 단순한 읽기를 넘어 다음에 제시된 문제 제기 및 간단한 연극 표현 활동과 함께 진행됩니다. 물론 이 소설만 이렇게 진행할 이유는 없습니다. 〈운수 좋은 날〉을 그렇게 진행해도 좋고, 어떤 소설이든 다 가능합니다. 다른 소설을 사용할 경우에는 내용에 알맞은 다른 활동이 개발되어야 합니다.

어떤 문학 작품이라도 핵심 장면을 타블로로 표현할 수 있음

예) 〈금 따는 콩밭〉에서 발견하는 질문과 의문

 1 콩들의 절규: 갈아엎어진 콩밭의 콩들은 얼마나 어이없었을까요? 콩들이 인간을 보면서 탄식하는 이야기를 연극으로 만들어 봅니다.

 2 친구가 와서 당신이 태어날 때부터 살았고 부모님이 소중히 여기는 추억의 집 땅 속에 보물이 묻혀 있다고 확신에 차 이야기한다면 당신은 어떻게 할 건가요? 당신이라면 땅을 팠을까요?

 3 영식의 마음을 흔들어 놓은 수재는 어떤 사람인가요? 우리 주변에 그런 존재는 누구인가요? 사람이 아니어도 좋습니다. 유사한 존재를 찾아봅니다.

 4 가장 마음을 불편하게 하는 장면을 찾아봅니다. 그 까닭은 무엇인가요?

5 영식이 되어 다시 살아본다면? 당신은 어떤 삶을 살아가려고 할까요?

6 결국 우리가 원하는 행복의 조건은 무엇인가요?

핫시팅

소설 속 등장인물들을 불러내서 다음과 같은 질문을 던져 봅니다. 그 밖의 질문을 할 수도 있습니다.

1 수재에게 묻습니다: 무슨 까닭으로 영식을 꼬이고 속였는가요?

2 영식에게 묻습니다: 아내에게 손찌검을 한 이유를 알려 주세요.

3 아내에게 묻습니다: 갈등하는 영식을 부추긴 이유가 무엇인가요?

다시 살아 보기

1 학생들은 관객 조와 연기 조로 나눕니다.

2 이 소설을 읽고 불편하게 느꼈던 장면들을 선정합니다.

3 불편한 장면들을 불편감의 정도에 따라 순위를 정해 봅니다.

4 연기 조는 불편한 장면으로 선정된 장면들을 재현합니

다. 관객 조는 이를 관람하다가 적절한 순간에 'Stop'을 외칩니다. 그러면 연기 조는 그 부분(불편감의 원인이 된다고 생각하거나, 해결의 실마리가 있다고 생각하는 부분)에서 연기를 멈춥니다. 관객 조는 'Stop'을 외친 이유를 설명한 뒤, 그 장면을 다른 내용으로 바꾸어 연기하도록 요구한 뒤 'Play'를 외칩니다.

5 연기 조는 관객조가 요구한대로 그 부분을 바꾸어서 재현해 봅니다. 관객 조의 불편감이 해소될 때까지 이를 반복할 수 있습니다. 또 필요하면 'Stop'을 외친 당사자가 직접 그 장면에 들어가서 역할을 맡아 내용을 바꿀 수 있습니다.

---

3 팔로우업

편지 쓰기

인물들은 이후 어떤 삶을 살면 좋을까요? 인물들의 선택이 어떤 미래를 가져올지 상상해 보고 모둠별로 이들의 자녀가 되어서 편지를 씁니다.

편지는 어떤 내용이라도 관계없습니다. 다만 부모가 인생의 주된 가치를 무엇으로 두고 살았을지 자식들의 시선으로 쓰는 것이 중요합니다. 이는 학생들에게 부모에 대한 바람에 빗대어 자신들의 삶에서 가장 중요한 가치가 무엇인지 생각해 보는 기회를 줄 수 있습니다.

소감문 쓰기

다음과 같은 주제로 소감문을 쓰면서 활동을 정리합니다.

"우리의 삶 속에서 가장 중요한 것은 무엇인가요?"

3 | 확장

소설 속의 문제의식을 바탕으로 오늘날 우리들의 삶에서 제기될 수 있는 문제로 확장합니다.

▌상황 설정하기

소설을 그대로 옮기는 방식이 아니라 소설을 충분히 이해하고 있는 상태에서 상황을 주고, 이 상황에 따른 연극을 진행합니다. 여기서 제시한 상황을 그대로 사용할 필요는 없으며, 교사의 재량에 따라 설정을 변경할 수 있습니다.

먼저 확장된 활동을 위해 배경이 되는 공간과 시간을 느끼게 하는 활동을 실시합니다. 교사는 다음과 같은 안내를 해서 학생들이 소설 속 상황으로 깊이 들어갈 수 있도록 도와줍니다(교사의 대사는 다양하게 지을 수 있습니다).

"여러분이 살고 있는 지역은 산 좋고 물 좋은 고장입니다.

평소 딱히 놀랄 만한 변화가 없는 마을로, 농사도 잘되고 조상 대대로 내려온 농지를 기반으로 평화로운 삶을 살아가고 있습니다."

---

2 타블로 만들기

1 학생들을 4-5개 모둠으로 편성합니다. 그리고 모둠별로 이 마을에서 가장 행복한 축제 장면을 만들어서 서로에게 보여줍니다. 꼭 정지장면일 필요는 없으며 움직이는 짧은 장면으로 표현해도 좋습니다.

2 마을 사람으로서 현재의 삶을 어떻게 느끼는지를 이야기합니다.

---

3 상황극과 토론(구&권 모형 적용)

구&권 모형을 적용합니다. 이 부분에 대한 자세한 내용과 절차는《수업 중에 연극하자》를 참고하기 바랍니다.

1 뉴스 소개: 교사가 상황을 소개합니다. 뉴스앵커처럼 하는 것도 한 방법입니다. 또는 실제 뉴스 동영상을 찾아서 마치 이 동네에 해당되는 내용인 것처럼 보여 줄 수도 있습니다. 예) "부동산 개발의 현장 - 온천수가 나오는 지역을 개발하여 대규모 리조트를 짓고 지역경제를 활성화하겠다는 내용 (뉴스 검색)"

2 입장 결정: 학생들은 뉴스를 듣고 그 지역의 주민이 되어 개발에 찬성할지 말지 잠시 생각한 뒤 입장을 결정합니다.

3 학생들은 찬성과 반대로 나뉘어 자리를 잡습니다.

4 개발을 찬성하는 팀과 반대하는 팀은 각자 입장을 고수하는 이유 또는 상대방의 입장을 고수했을 때 발생하는 문제를 10분 내외의 상황극으로 만들어서 서로 보여 줍니다.

5 연극을 마치면 토론을 진행합니다.

4 그 밖에 연관된 활동

같은 맥락에서 톨스토이의 단편소설 〈사람에겐 얼마만큼의 땅이 필요한가?〉도 수업 텍스트로 사용할 수 있습니다.

생각해 볼 이야기들

우리가 과거 어느 때보다 부유한 것은 사실이며, 노동 시간도 경제학자 케인스가 예견한 만큼은 아니어도 줄어들었다. 그러나 풍족함의 낙원은 오지 않았다. 밀이 말한 것처럼 짓밟고 으깨고 밀치고 서로의 발을 딛고 올라서 무자비하게 물질적 이익을 추구하는 행태들은 앞으로도 얼마든지 계속될 우리의 운명이다. – 로버트 스키델스키와 에드워드 스키델스키의 《얼마나 있어야 충분한가》

욕망은 처음에 문을 열어 달라고 간청하다가 어느덧 손님이 되고 곧 마음의 주인이 된다. - 톨스토이

돈이면 무엇이든 된다고 생각하는 사람은 돈을 위해 무엇이든 하는 사람으로 볼 수 있다. - 벤저민 프랭클린

승자의 주머니 속에는 꿈이 있고 패자의 주머니 속에는 욕심이 있다. - 탈무드

좋은 삶은 불안이 아닌 기쁨이 삶의 본질이 되고, 고통이 아닌 활력이 노동의 본질이 될 때 가능하다. - E. F. 슈마허

포도주 한 병, 시집 한 권, 빵 반 덩이. 그리고 인적 없는 장소에 앉아 있는 그대와 나, 우리에게는 술탄 왕국보다 더 많은 부가 있다. - 오마르 하이얌

가장 중요한 것은 눈에 보이지 않아. - 앙투안 드 생텍쥐페리의 《어린왕자》

"어떤 국가가 정의로울 수 있을까?" "모든 국민이 다 행복해야지요. … 국가를 이루고 있는 많은 사람들이 제 기능을 다할 때 비로소 좋은 국가가 되지요. 그러므로 국가의 지도자는 부유함이나 가난함이 국가로 스며들지 못하도록

해야 하네." – 플라톤의 《국가》

*** 생각 넓히기**
〈금 따는 콩밭〉 소설 속 인물들을 통해 어떤 이야기를 나누고 싶은가요?

이 작품은 앞서 소개한 다양한 드라마 기법을 적용하여 많은 이야기를 꺼낼 수 있게 하는 특징과 장점이 있습니다.

소설에서 영식은 수재의 제안을 받아들입니다. 아무리 수재가 그럴듯한 말로 꼬였더라도 영식의 마음속에 그 제안을 받아들일 동기가 조금이라도 없었다면 이 일은 일어나지 않았을 겁니다.

사람들은 삶 속에서 다양한 상황을 마주합니다. 그때 그 상황 속의 자신이 어떤 진심을 지니고 있는지 솔직하게 내면에 귀를 기울이는 것이 필요하겠지요. 그러나 내면에 귀를 기울여도 도무지 오리무중이라 어떤 판단도 내릴 수 없는 경우가 있습니다. 무엇이 결여되어 있기에 그럴까요? 내면의 욕망과 그 진실을 스스로 깨닫는 것을 자각이라고 하지만, 실상 사람들은 그러지 못하는 경우가 허다합니다.

어떤 철학과 가치관을 세우고 매일매일 성찰하며 자신의 내면에 귀를 기울이고 삶의 진정한 가치를 되새기지 않으면 수재의 제안에 넘어가고 말겠지요.

수업의 흐름

차시	과정	내용	유의 사항
1~2	웜업	적절한 놀이 소설 읽기	웜업 시간은 조정할 수 있음
3~4	드라마	핫시팅 다시 살아 보기 Stop / Play	
5	구&권 모형 적용	찬반양론이 맞서는 상황극	두 팀으로 나누어 찬성과 반대 입장의 상황극 공연
6	팔로우업	토론 박사들의 향연	토론 시 교사가 진행함

Ⅰ | 수업 개요

'어느 날 우연히 길에서 누군가를 만났다. 어디선가 본 듯한 모습. 그런데 기억을 더듬어 보니 어릴 적 몹시도 존경해 마지 않던 선생님이었다.'

하근찬의 소설 〈노은사〉에 등장하는 주인공의 경험은 우리에게도 있을 수 있는 일이고, 노은사에게 기대하는 것, 실망하는 마음 그리고 죄송해하는 마음이 모두 짐작 가능한 정서이기에 소중합니다.

이 작품 속에서 드라마로 다룰 수 있는 질문을 끄집어내 보면 무수히 많겠지만, 정서의 측면에서 골라내자면 배신감 그리고 미안함이 아닐까요? 사실 사람의 삶에서 발생하는 다양한 상황을 한 가지 잣대로 이해하는 것은 무리입니다. 삶의 맥락은 무수히 많은 줄기와 가지로 이어져 있으니까요. 한 사람의 삶의 드라마는 평범하면서도 비범할 수 있는 것입니다.

이 소설을 드라마로 만들면서 학생들은 복합적으로 상황의 맥락을 이해하는 경험을 하게 됩니다. 사람을 이해하려면 단일한 한 가지 정서를 단적으로 공감하는 것을 넘어서야 하며, 학생들의 짧은 삶의 경험을 드라마가 폭넓게 채워 줄 수 있을 것입니다.

놀이 1: 무엇이 바뀌었나?

2인 1조로 짝을 이룬 뒤 서로 변한 점들을 찾게 하여 상대방에 대한 관심을 높이는 활동입니다.

1 학생들을 두 사람씩 짝을 짓도록 하고, 가위바위보를 하여 순서를 정합니다.

2 진 사람은 뒤로 돌아앉고, 이긴 사람은 파트너 몰래 자신의 차림새 중 세 가지를 바꿉니다.

3 준비가 되면 진 사람은 뒤로 돌아서 주어진 시간 안에 파트너의 차림새에서 달라진 점을 알아맞힙니다.

4 순서를 바꾸어서 다시 진행하고 더 많이 알아맞힌 사람이 승리합니다.

놀이 2: 환상여행

색깔, 분위기, 시간대 등 현재 우리가 살고 있는 시간과 공간의 범위를 훨씬 넘어서므로 매우 행복한 환상여행을 체험할 수 있습니다. 눈을 감은 사람들은 간혹 그곳의 냄새를 느끼기도 합니다.

1　학생들은 새로 두 사람씩 짝을 짓거나 앞에서 지은 짝을 유지합니다.

2　한 사람은 눈을 감고, 다른 한 사람은 안내자가 되어 눈 감은 짝의 손을 잡거나 안전하게 이끌어 주어진 공간 안을 걸어 다닙니다.

3　이때 눈 감은 사람은 자신의 감고 있는 눈앞에 펼쳐지는 상황을 이야기해 줍니다(그야말로 환상입니다). 안내자는 눈을 뜨고 그 이야기에 귀를 기울입니다.

4　여행이 끝나면 모두 둘러앉아 눈을 뜬 안내자가 파트너로부터 들은 이야기를 발표합니다. 이때 시간이 된다면 함께 그림을 그린 후 발표할 수도 있습니다.

가장 기억에 남는 선생님은?

1　학생들을 5-6명이 한 모둠이 되도록 편성합니다.

2　모둠별로 둘러앉아 이야기를 나누고 가장 기억에 남는 선생님 이야기를 다른 모둠 앞에서 상황극으로 소개합니다. 혹은 타블로 한 장면으로 소개하면서 한두 대사를 정지된 상태에서 할 수도 있습니다. 모둠끼리 선생님의 특징 흉내 내기 대결을 해도 좋습니다.

〈노은사〉를 읽기 전에 먼저 중점적으로 봐야 할 요점을 제시합니다. 대략 다음과 같은 내용이 나올 수 있습니다.

- 나라를 잃은 지식인의 애환 또는 절규
- 다시 찾은 나라에서 비루한 삶을 이어가기 위해 적국의 말을 가르칠 수밖에 없는 지식인
- 제자가 기대하는 이상적인 스승의 모습
- 스승이 제자를 바로 보기 부끄러워하는 마음
- 학살당한 부친과 하나로 보이는 스승에 대한 애잔함
- 스승의 삶이 비록 비루해 보이더라도 살아가는 자의 용기를 깨닫고 잠시 부끄러워한 자신에 대해 용서를 구하는 마음

앞의 목록 이외에 다른 주제를 추가하여 이야기를 나누어도 무방합니다. 주제는 함께하는 구성원의 상황과 관심에 따라 다양할 수 있습니다.

소설 읽기

소설 〈노은사〉를 함께 읽습니다. 둘러앉아서 읽고 싶은 만큼 읽는 방식입니다. 소리를 크게 내어 다른 사람들이 귀 기울일 수 있도록 합니다. 소설을 읽고 난 다음에는 모둠별로 다음과 같은 주제로 이야기를 나누고 정리합니다.

1 주인공이 스승에게 배신감을 느꼈다면 그 이유는 무엇인가요?

2 혹은 배신감이 아닌 다른 감정을 느꼈다고 생각한다면 그 이유는 무엇인가요?

'배신감'을 느낄 때

1 앞서 정한 5-6명 단위의 모둠별로 '배신감'이라는 주제를 타블로로 형상화합니다.

2 교사는 형상화한 타블로에 다가가서 '말풍선' 혹은 '마음의 소리'를 듣습니다. 교사가 학생의 어깨에 손을 올리면 학생은 즉흥적으로 마음속의 생각을 대사로 만들어 말하는 방식입니다. 완성된 대사로 말하는 대신 의성어나 의태어로 표현할 수도 있습니다.

인물 형상화하기

1 교실 벽에 2절지 백지를 붙입니다. 백지에는 인물 윤곽만 커다랗게 그려 넣습니다. 인물 윤곽이 그려진 그림 두 장을 준비하는데, 한 장은 노은사이고 다른 한 장은 주인공입니다.

2 학생들에게 사인펜이나 포스트잇을 나누어 줍니다. 학생들은 사인펜으로 윤곽 안에 그림을 그리고, 포스트잇에 설명을 써서 붙입니다. 이때 인물 윤곽의 선 안쪽에는 인물의 내

면을 나타내는 단어를, 바깥쪽에는 겉모습이나 외모로 알 수 있는 직업 등 외적 특징을 나타내는 단어들을 쓰도록 합니다.

3 필요하면 인물 윤곽을 더 그린 후 앞에서와 같은 요령으로 형상화를 진행합니다. 이때 각 윤곽에는 그 인물이 처한 구체적인 상황이나 시간을 부여합니다. 해방 전, 해방 후, 젊은 시절, 5월 5일 어린이날, 10월의 마지막 날 등과 같이 날짜와 상황을 지정해 줍니다.

상황극 만들기: 그 사이에 무슨 일이 있었을까?

모둠별로 해방 후 선생님이 일본어 강사가 되기까지 무슨 일이 있었을지 상상하여 상황극으로 만들어 봅니다. 빠르게 변화하는 세상에서 지식인으로서 겪을 수밖에 없었을 다양한 사건을 상상하여 표현합니다.

빈 의자

경우에 따라 학생의 질문이나 말이 거칠거나 예의에 어긋날 수도 있습니다. 이때 교사가 그 자리에서 이를 지적하거나 야단을 치면 드라마 수업은 더 이상 진행될 수 없습니다. 학생이 윤리에 어긋난 생각이나 말을 하더라도 경청하면서 대화를 이끌어 가야 합니다.

1 교실 가운데에 빈 의자를 하나 둡니다.

2 교사는 빈 의자에 은사가 있다고 가정하고 원하는 학생들이 손을 들어 은사와 이야기할 수 있도록 진행합니다.

3 학생들은 노은사에게 자신이 실망한 부분을 자유로이 이야기합니다.

> **tip**
>
> 마음을 꺼내놓는 활동이 사람에 따라 매우 힘들 수도 있으므로 소극적인 학생을 억지로 참여하도록 독려하지 않는다.
>
> 가장 소중한 사람 가운데 엄마와 아빠를 두고 결정을 못하는 학생이 있을 수 있다. 소감 나누기에서 그런 경우 만약 누군가를 먼저 버렸다고 마음 아파할 수 있으므로 교사가 적절히 해석해 주는 것이 좋다.

3 팔로우업

학생들이 다음 문제를 중심으로 성찰하고 생각하게 합니다.

1 노은사의 삶을 비판하는 것이 온당할까요?

2 어떤 삶을 살아가는지는 개인적 문제일까요, 공적인 문제일까요?

다음과 같은 방법을 사용해 봅니다.

1 둘러앉아 위의 주제를 놓고 이야기를 나눕니다.

2 위의 주제와 관련하여 노은사에게 편지를 써서 서로 발표하고 들어봅니다. 이때 노은사에게 마음을 담은 선물을 하

나 해보도록 권하는 것도 도움이 됩니다. 선물을 할 때 종이에 글을 쓰거나 그림을 그리는 방식으로 합니다.

> 삼십년이 훨씬 지났는데도 나는 ○○을 쉬이 알아볼 수가 있었다. 광화문 지하도에서였다.
>
> 지하도를 지나가던 나는 복권 판매소 앞에 엉거주춤 서서 복권 한 장을 사고 있는 어느 나이 지긋한 중년에게 무심히 시선이 갔다. 한쪽 손에 낡은 손가방을 든 그 사나이는 가만히 복권 상자를 들여다보고 있었다. 아무거나 한 장 잡지를 않고, 어느 것이 좋을까, 망설이고 있는 모양이었다. 말하자면 잠시나마 공을 들이고 있는 중이었다.
>
> 나는 절로 미소가 지어졌다. 그러나 다음 순간 나는 걸음이 주춤했다. 어디선가 많이 본 듯한 낯익은 모습이었던 것이다.

1 소설 〈노은사〉의 일부인 위 내용을 모둠원에게 나누어 주고 읽도록 합니다.

2 화자와 ○○는 과거에 어떤 관계였을까요? 과거의 이야기를 중심으로 장면을 만들어서 발표하도록 합니다. 그리고 그 관계의 키워드가 무엇인지도 밝히도록 합니다.

3 그에게 다가간 다음 어떻게 되었을까요? 화자와 그의 만남 장면을 표현하여 발표합니다.

4 오랜 시간이 지났을 때에도 변하지 않고 과거의 모습을 간직하기를 바라는 그런 사람이나 존재(동물일 수도 있고, 가게나 사물일 수도 있음)가 있는지 모둠원끼리 이야기를 나누고 이를 타블로로 형상화해 봅니다.

소설의 맨 앞부분을 간략히 발췌하여 약간 각색하고 나누어 주면, 주어진 텍스트를 중심으로 전사와 후사를 상상하여 이야기를 구성하는 방법이 됩니다.

우연한 만남에 의해 발생할 다양한 사건을 상상하여 극으로 구성할 수도 있고, 과거의 경험을 돌이켜 보며 자신의 삶을 돌아보는 계기가 되기도 합니다.

- 다시 만나고 싶은 사람, 그에게 하고 싶은 말
- 만나고 싶지 않은 사람
- 앞으로 나는 누구의 누가 될까? 혹은 어떤 사람을 만나고 싶은가?

수업의 흐름

차시	흐름	내용	유의 사항
1	웜업	적절한 놀이 소설 읽기	웜업 시간은 조정할 수 있음
2	드라마 활동	이야기 나누기 배신감을 느낄 때는? 인물 윤곽 상황극 만들기 - 그 사이에 무슨 일이?	
3	드라마 활동	상황극 공연하기 인물과 대화하기(빈 의자 등)	빈 의자 기법
4	팔로우업	다양한 방법 토론, 이야기 나누기, 편지 쓰기, 선물 그리기 등 가운데 골라서 활용함	

Ⅰ | 수업 개요

소설 〈사랑손님과 어머니〉 역시 수십 년 전부터 필수독서 목록에 빠짐없이 수록된 고전입니다. 얼른 보면 일종의 로맨스라고 할 수 있지만, 이 속에는 사회학적으로 따져 봄 직한 내용들이 많이 들어 있습니다.

이 소설은 일찍이 남편을 여읜 어여쁜 어머니가 어린 딸 옥희를 데리고 홀로 살아가는 삶을 받아들이는 과정을 보여줍니다. 당시는 20세기 초, 일제강점기이면서 아직까지도 봉건적 사고방식이 지배하던 시절입니다. 하지만 사랑, 미움, 그리움과 같은 인간의 원초적 감정은 시대적 배경, 사회적 가치와 무관하게 발현되기 마련입니다. 이런 보편적 감정을 다른 사회적 배경 속에서 어떻게 해석하고 처리하는지를 이해하기는 몹시 어려운 일이며, 상황에 따라 전혀 다른 결과를 초래합니다.

그래서 이 소설 속 인물들의 감정이 납득되면서도 동시에 그것을 처리하는 사고방식과 행동이 답답하게 여겨집니다. 바로 이런 부분 때문에 이 소설을 통해 다양한 해석과 토론을 끌어 나갈 수 있습니다.

─────────────────────────────────── ▌웜업 ───

웜업 활동은 앞에서 많이 소개했습니다. 앞의 활동을 어느 정도 했다면 학생들에게 웜업이 많이 필요하지는 않습니다. 만약 이 작품을 다루는 활동이 연극 수업의 초반부라면 앞에 소개한 연극놀이 중 몇 개를 선택하여 실시하면 됩니다.

"누구십니까?"

어린이들이 즐겨 하는 놀이입니다. "똑똑 누구십니까?" 하는 노래에 맞춰 진행하기도 하지만 여기서는 정체성, 역할 따위를 생각해 볼 수 있도록 살짝 변형합니다.

1 학생들을 2인 1조로 팀을 이루도록 합니다.

2 가위바위보를 합니다. 이긴 사람과 진 사람이 나누어지면 이긴 사람이 질문합니다. "똑똑 누구십니까?"

3 진 사람이 대답합니다. "○○입니다." 이때 ○○은 반드시 본인이 아니어야 합니다. 다른 친구, 선생님, 역사 속 인물 등 누가 되어도 상관없습니다.

4 이긴 사람이 다시 질문합니다. "제일 좋아하는 것은 무엇입니까?"

5 이때 진 사람은 앞에서 자신이 말했던 ○○의 입장에서

대답해야 합니다. 5초 이내에 대답하지 못하거나, 대답이 ○○
의 입장에서 설득력이 없다면 대답하지 못한 것으로 간주합
니다.

6 대답을 못하면 간단한 벌칙을 받도록 합니다.

---

2 드라마 활동

웜업이 다른 누군가의 입장이 되어 보는 간단한 몸풀기 정도
였다면, 이제 본격적으로 다른 사람이 되어서 생각하고 행동
하는 활동으로 들어가 봅니다.

소설 읽기와 핫시팅

1 앞에서 실시했던 〈운수 좋은 날〉 사례와 마찬가지로 돌
아가며 소설을 읽습니다.

2 추첨을 통해 엄마, 사랑손님 역할을 뽑습니다.

3 인물들을 차례로 불러내서 핫시팅을 실시합니다(소설
읽기와 연계된 활동이 필요함).

〈핵심 질문〉

● 엄마는 사랑방 아저씨에 대한 연정의 마음을 어떻게 해
야 할까요?

● 옥희는 두 사람 사이를 이어주어야 할까요?

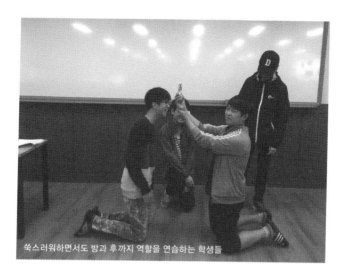

쑥스러워하면서도 방과 후까지 역할을 연습하는 학생들

• 엄마의 '역할'이란 무엇인가요?

○○ 되어 보기

1 학생들을 4-5명 정도의 모둠으로 편성합니다. 연극 활동에 익숙해진 상태라면 2인 1조로 편성할 수도 있습니다.

2 2인 1조로 편성하는 경우에는 엄마와 자식(딸 또는 아들), 교사와 학생, 할머니와 할아버지, 경찰과 도둑, 시어머니와 며느리 등 상충되면서도 상호작용을 많이 나누어야 하는 전형적인 짝을 만들어 봅니다. 동료와 함께 이런 전형적인 짝의 목록을 가능하면 많이 작성합니다. 모둠으로 편성한 경우에는 짝보다는 등장인물이 많은 관계들의 목록을 만들어 볼수 있습니다.

3 이 목록 중 2개 이상을 선택하고, 즉흥극을 간단히 만들어 봅니다.

4 이제 각 등장인물의 특징이 가장 분명하게 드러날 수 있는 상황을 설정해 봅니다.

5 이 등장인물들을 사용하여 간단한 상황극을 만들어서 다른 모둠 구성원 앞에서 공연합니다.

가족의 전형

이제 보다 확장된 활동 그룹 타블로를 해보겠습니다. 그룹 타블로란 어떤 상황을 설정하고 역할을 정한 뒤 하나의 상황을 정하고 각자의 역할에서 보여 줄 수 있는 표현을 정지장면으로 보여 주는 것입니다. 이를테면 결혼식 장면의 경우 주례, 신랑, 신부, 양친, 하객, 사진사, 사회자 등 각자의 역할을 맡은 가운데, "이 결혼이 모두 반대하는 결혼식이라면? 혹은 모두 반대하다가 급 찬성하게 되어 기뻐하는 결혼식이라면?" 등의 상황을 주고, 이 상황에서 구성원들의 반응이나 행동을 정하여 타블로로 표현합니다.

1 학생들을 6-8명 단위의 모둠으로 편성합니다.

2 각 모둠은 하나의 가족을 이룹니다. 가능하면 확대가족을 이루도록 합니다. 엄마, 아빠, 아이, 조부모, 고모, 이모, 삼촌 등의 구성원을 골고루 편성합니다.

3 이 가족이 가장 행복했던 순간을 주제로 타블로를 만들어서 발표합니다.

4 이 가족에서 발생할 수 있는 갈등이나 문제가 무엇이 있을지 모여서 토론하고, 그중 대표적인 상황을 선정합니다.

5 이 문제 상황을 그룹 타블로로 구성하여 발표합니다.

---

3 팔로우업

지금까지의 활동을 정리합니다. 다음과 같은 화두를 던져 차분하게 이야기를 나누며 생각을 정리할 수 있도록 합니다.

'역할'이란 어떻게 우리들 머릿속에 형성되는가? 자연스럽게 익히는 역할과 역할행동의 유래에 대하여 이야기를 나누어 봅니다.

가족의 기능과 의미에 대하여 연극 활동을 바탕으로 이야기 나누어 봅니다.

이때 학생들은 사회적 지위와 역할의 개념을 확인하게 됩니다. 이를 통해 타인의 시선이 자신을 포함한 사람의 삶에 영향을 주어 변화를 주게 되는 과정을 보며 많은 생각을 하게 됩니다. 삶을 이끌어 가는 가치관이 참으로 다양하다는 것, 그 가운데 하나의 입장을 취하여 토론을 전개하는 과정을 통해 서로의 가치관을 비교하고 정립해 가는 경험도 가능합니다.

3 | 확장

소설의 주제가 가족과 관련된 만큼 활동을 조금 더 확장할 필요가 있습니다. 청소년에게 가족의 의미는 매우 클 테니 말입니다. 다음과 같은 순서로 진행해 봅니다.

1 모둠별로 함께 살고 싶은 사람에 대하여 이야기를 나눕니다.

2 모둠별 이야기를 바탕으로 행복한 장면을 그림으로 그립니다.

3 함께 살고 싶은 사람들로 구성된 가정에서 일어날 수 있는 힘든 일을 예상하고 그림으로 그립니다.

4 앞의 그림을 중심에 놓고 그 앞뒤 상황을 연결하여 몇 개의 장면을 만들고 간단한 연극을 만들어 발표합니다.

5 활동 후 학생들에게 포스트잇을 나누어 줍니다. 학생들은 포스트잇에 생각나는 사람에게 보내는 메시지를 익명으로 쓰고, 메시지를 적은 포스트잇을 칠판에 붙입니다.

6 학생들은 한 사람씩 칠판 앞으로 나가 자기 것이 아닌 다른 사람의 메시지를 대신 읽어 줍니다.

7 모두 메시지를 읽은 후 둘러앉아 소감을 나눕니다.

가족이란 우리에게 어떤 존재일까?

혈연에 의한 관계이고 천륜이라지만 우연에 의해 형성된 관계이기
에 말 못하는 불편을 가장 많이 겪기도 한다. 물론 가장 큰 힘과 위
로를 주는 관계이기도 하다. 한 사람이 가족이라는 집단 속에서 어
떤 역할을 맡는지와 그 개인의 삶이 갖는 의미를 생각해 볼 수 있다.
일반적으로 어머니가 지니길 바라는 희생심과 인내는 다른 가족에
게 행복을 주는지, 아니면 그러한 희생과 인내의 근원은 무엇인지
이야기를 나눌 수 있다.

수업의 흐름

차시	과정	내용	유의 사항
1	웜업	적절한 놀이(누구십니까?) 소설 읽기	웜업 시간은 조정할 수 있음
2	드라마	핫시팅 ○○ 되어 보기 가족의 전형	
3	팔로우업	소감을 쓰고, 이야기 나누기	

〈성북동 비둘기〉
시의 주제를 넘어 사회문제를 바라보다

ㅣㅣ수업 개요

지금까지 주로 소설을 활용한 수업을 소개했습니다. 사실 소설과 연극은 둘 다 서사예술에 속하므로 비교적 쉽게 서로 전환할 수 있는 편입니다. 문학에는 소설만 아니라 시도 있습니다. 시를 연극으로 옮기는 작업은 만만치 않습니다. 시는 함축적 언어를 사용하고 이야기가 눈에 확 들어오지 않기 때문입니다. 하지만 시 역시 그 속에 농축된 이야기가 있습니다. 시가 어떤 감정이나 정서를 표현했다면 그것을 촉발시킨 배경이 있을 것이며, 그러한 감정이나 정서를 기반으로 하는 이야기를 상상할 수 있을 것입니다. 시를 소재로 한 연극 활동은 흥미로우면서 창조적인 수업이 될 수 있습니다.

이 시는 수십 년째 문학 수업에서 빠지지 않았으며, 사회과 등 다른 교과와의 확장성도 뛰어나서 선정하였습니다. 저는 여기서 난개발, 환경 파괴보다는 난민 문제가 떠올랐습니다. 우리는 간혹 뉴스를 통해 난민에 대한 이야기를 접하곤 합니다. 난민이라고 하면 흔히 우리와 거리가 먼 아프리카나 서남아시아 같은 지역의 문제라고만 생각하지만, 조금만 들여다보면 남의 이야기만은 아니라는 걸 알 수 있습니다. 근대 이후 사람들은 나고 자란 고향을 떠나 이동하는 일이 아주 많아졌습니다. 고향이라는 개념을 아예 모르는 사람이 있을 정도로 우리는 끈 떨어진 연처럼 부유하는 삶을 당연하게 여깁니다. 현대인은 그런 의미에서 누구나 난민이 아닐까요?

　김광섭의 시 〈성북동 비둘기〉는 비둘기 이야기를 빌어 사랑과 평화를 잃은 현대인을 말합니다. 드라마 활동을 하면서 이런저런 난민들에 대하여 생각해 보길 바랍니다. 더불어 현대인은 모두 떠도는 부평초인지, 그것을 넘어서 함께할 수 있는 일이 무엇일지 생각할 수 있기를 바랍니다.

　이를테면 가장 소중한 물건을 잃어버린 기억을 되짚어 이야기를 나누어 봅시다. 사람들이 소중하게 간직하는 것은 값비싼 물건도 아니고 찬란한 보석도 아닙니다. 소중한 사람으로 대우받았거나 사랑하는 사람과 보냈던 시간, 그리고 사랑하는 사람과 주고받은 작은 선물입니다. 이런 선물은 돈으로 환산하기 어려운 보잘것없는 물건이지만 자신에게는 세상 어떤 것과도 바꾸지 않을 만큼 가치를 지닙니다.

2 ┃ 수업의 실제

━━━━━━━━━━━━━━━━━━━━━━━━━━━━━┫ 웜업 ━━━

시 읽고 타블로 만들기

　1　학급을 5-6명 단위의 모둠으로 편성합니다.
　2　먼저 시를 읽습니다.

성북동 비둘기 ___ 김광섭

성북동 산에 번지가 새로 생기면서
본래 살던 성북동 비둘기만이 번지가 없어졌다
새벽부터 돌 깨는 산울림에 떨다가
가슴에 금이 갔다
그래도 성북동 비둘기는
하느님의 광장 같은 새파란 아침하늘에
성북동 주민에게 축복의 메시지나 전하듯
성북동 하늘을 한 바퀴 휘 돈다
(이하 생략)

3 다음과 같은 장면을 만들어 봅니다. 어릴 적 추억이 서린 동네가 있나요? 그곳에서 어떤 놀이를 하면서 지냈나요?

4 '이사'나 '전학' 경험을 해보았다면, 그때의 느낌을 공책에 적고, 그 느낌을 표현하는 단어를 하나 정해 둡니다. 모둠별로 그 정서를 하나의 이미지로 표현합니다. 해당 경험이 있는 사람은 자신의 정서를 다른 친구들이 잘 표현하는지 옆에서 지켜보고 소감을 말해 줍니다.

노래 부르고 소개하기

우리는 공간으로만이 아니라 시간 상으로 난민이 될 수 있습니다. 어린 시절은 어쩌면 다시 돌아가지 못할 시간의 고향일지도 모르겠습니다. 그리고 누구에게나 어린 시절 즐겨 부르던 노래가 있을 것입니다. 동요일 수도 있고 만화영화 주제가일 수도 있습니다.

이 노래를 떠올려 봅니다. 그리고 함께 노래를 불러 보거나 소개해 봅시다.

---

2 드라마 활동

즉흥극 만들기

우리나라가 전쟁 중이지는 않으니, 이주(이사)를 통해 고향과 떨어지는 경우가 대부분입니다. 이사를 가는 이유는 다양합니다. 희망을 안고 이사하기도 하지만 때로 어쩔 수 없는 선택이 되기도 합니다. 이사를 주제로 삼아서 다음과 같은 활동을 해봅니다. 경우에 따라 다른 주제를 선택할 수 있습니다.

1 학생들을 8명 내외의 모둠으로 편성합니다.
2 이사를 하는 이유가 무엇인지 조사하고, 모둠별로 이야기를 나눠 봅시다.
3 인구가 이동하는 이유 가운데 가장 빈번한 것은 우리 삶과 어떤 관계가 있는지, 그 일을 겪을 때 사람들은 어떤 심정인지 이야기를 나누고, 모둠별로 이동하는 여러 이유와 상황 중 연극으로 표현할 것을 결정합니다.

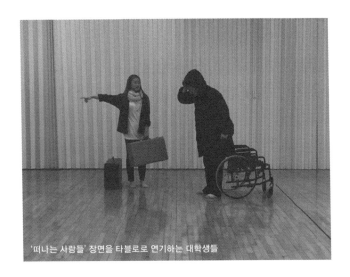
'떠나는 사람들' 장면을 타블로로 연기하는 대학생들

4 각 모둠별로 이 상황을 간단한 즉흥극으로 만들어 봅니다. 이때 엄마, 아빠, 아이들, 친구들의 역할이 반드시 표현되도록 합니다.

5 즉흥극을 공연하고 서로 감상합니다.

조사하여 상황극 만들기

이제 시야를 넓혀 우리나라 안에서 이사 다니는 정도를 지나 이민이나 난민의 문제까지 다루어 봅니다. 모둠은 앞의 활동과 같이 유지합니다.

1 고국을 떠나 타국에서 살거나, 고향을 떠나 살아가는 사람들의 이야기를 조사합니다. 교실에서 컴퓨터로 인터넷 검

색을 할 수 있으면 좋고, 없으면 한시적으로 스마트폰의 사용을 허가합니다.

2　모둠별로 이야기를 하나 선정합니다.

3　선정한 이야기를 10분 이내의 상황극으로 꾸며서 발표합니다.

4　모둠별로 발표가 끝나면 상황극의 내용에 대해 서로 질의응답하고, 더 나은 방법은 없었는지 대안을 제시해 봅니다.

> 오사카 조선학교 럭비부의 이야기를 다룬 다큐멘터리영화 〈60만 번의 트라이〉(2013)를 함께 보고 나서 이야기를 나누는 것도 좋은 활동이 된다.

───── **3** 팔로우업 ─────

편지 쓰기

1　어릴 적에 친했지만 지금은 만날 수 없는 친구가 있습니까? 그 친구에게 편지를 써봅니다.

2　발표 후 그 친구가 현재 어떻게 살고 있기를 바라는지 이야기를 나누어 봅니다.

나의 소중한 것

가장 소중한 물건을 잃어버린 기억을 공책이나 종이에 적어

봅니다. 모둠원끼리 이 기억을 서로 소개하고 이야기를 나누
어 봅니다.

3 | 확장

세상에는 자기가 태어난 곳, 살고 싶은 지역에서 살 수 없는
사람들이 많습니다. 결국 자신이 원하지 않는 지역으로 옮겨
가서 그 지역과 융화하지 못한 채 이질적인 문화 속에서 부평
초처럼 살아가는 사람들이 있습니다. 마음은 딴 곳에 가 있고
몸만 이 지역에 있어서 정착하지 못하고 소외되는 사람들을
생각하는 시간을 가져 볼 수 있습니다. 성북동을 떠나야 하
는 비둘기처럼 말입니다.

1 이주민 노동자의 사진을 한 장 보여 줍니다. 사진 대신
인터넷이나 신문에 실린 이주민 노동자의 고단한 삶과 관련
한 에피소드를 구해 와도 좋습니다.

2 모둠원끼리 이야기를 나누며 다음과 같은 것들을 결정
합니다.

- 주인공을 설정하고 그에 대하여 이런저런 이야기를 나누
  어 인물을 정합니다.
- 주인공이 어떤 사람인지 인물 윤곽을 그려 봅니다.
- '사진 속 인물은 무엇을 원할까요?' 즉 주인공의 목표를

모둠 단위에서 결정합니다.

- 주인공의 목표 달성을 방해하는 인물 또는 상황, 목표 달성을 도와주는 조력자를 설정하여 이야기를 구성합니다.

3 주인공이 목표를 달성하기 위해 어떤 노력을 하는지 이야기를 나누고 문장으로 적어 봅니다.

4 목표 달성에 성공하는지 실패하는지, 그리고 성공한다면 왜 성공하고, 실패한다면 왜 실패하는지 이야기를 나누어 정합니다.

5 다음과 같은 과정을 통해 이야기를 완성합니다.

- 앞에까지의 활동을 정리하여 줄거리를 만들어 봅니다.
- 이 줄거리를 바탕으로 10개의 장면을 만들어 봅니다.
- 역할을 나누어 연습하고, 연습 과정에서 즉흥적으로 나오는 대사를 바탕으로 대본을 만들어 갑니다.

6 음악을 준비하고 꼭 필요한 소품도 준비하여 연습한 뒤 실제 공연을 합니다. 이때 불편한 상황을 바꾸어 보도록 관객에게 관객배우가 되도록 요청하여 포럼시어터를 진행할 수도 있습니다. 이 경우 선생님은 조커의 역할을 담당합니다.

tip

디아스포라(그리스어: διασπορά)란?

팔레스타인을 떠나 세계 각지에 흩어져 살면서 유대교의 규범과 생활관습을 유지하는 유대인을 지칭한다. 후에 그 의미가 확장되어 본토를 떠나 타지에서 자신들의 규범과 관습을 유지하며 살아가는 민족 집단 또는 그 거주지를 가리키는 용어로도 사용된다. 〈두산백과〉

특정 인종 집단이 자의로든 타의로든 기존에 살던 땅을 떠나 다른 지역으로 이동하는 현상을 일컫는다. 이들은 새로운 땅에 정착할 수도 있고 안 할 수도 있는 난민과 달리 본토를 떠나 항구적으로 나라 밖에 자리 잡은 집단을 가리킨다. 〈위키피디아〉

수업의 흐름

차시	흐름	내용	유의 사항
1	웜업	노래 부르기 노래 사연 소개하기	웜업 시간은 조정할 수 있음
2	드라마	즉흥극 – 이사 이야기	8명 내외의 모둠 구성, 가족 구성이 드러나도록 구성함
3	드라마	상황극 – 난민의 문제	이민, 난민, 특히 새터민 이야기 조사하기
4	팔로우업	어릴 적 헤어진 친구에게 편지 쓰기	

〈여승〉
시를 소재로 드라마 만들기

Ⅰ | 수업 배경

어느 날 백석의 시집을 넘겨보다가 그만 다음 장으로 종이를 넘기지 못한 경험을 했습니다. 그때 읽은 시가 바로 여기서 소개하는 〈여승〉입니다. 길지 않은 시였지만, 이 속에 너무도 많은 드라마가 들어 있어서 한 시간 반가량 공연을 본 것 같았습니다. 눈앞에서 한 여인과 시인의 만남이 펼쳐지는 듯했습니다. 아니 실제로 펼쳐졌고, 그것을 넋 놓고 바라보고 있었습니다.

그리고는 수업 프로그램을 짜기 시작했습니다. 왠지 직관적으로 이 시를 가장 잘 느끼려면 코러스 기법이 좋을 것 같다는 생각이 정말 '시적으로' 떠올랐습니다. 막상 수업을 하고 보니 아주 적절한 선택이었음을 깨달았습니다. 이 수업을 하면서 학생들은 여승이 된 여인의 슬픔을 오롯이 느꼈으며 때로 눈물짓기도 했습니다. 더 나아가 근현대사의 어두운 그림자를 파악하고 싶어 했습니다.

2 | 수업의 실제

시 읽기

이 수업은 특별한 웜업보다 시를 읽는 것으로 시작합니다. 학
생들 모두 눈을 감고 분위기가 잡히면 교사가 시를 읽어 줍니
다. 이때 시인이 누구인지 알려 주지 않습니다.

여승 ___ 백석

여승은 합장하고 절을 했다.
가지취의 내음새가 났다.
쓸쓸한 낯이 옛날같이 늙었다.
나는 불경처럼 서러워졌다.

(이하 생략)

2 드라마 활동

코러스 연습

1 먼저 고대 그리스 비극에서 코러스의 역할에 대하여 학
습합니다. 여기서는 코러스의 역할 가운데 일부분을 추려 배
우들의 상황극 사이사이에 일정한 음의 반복을 통해 정서적
느낌이 담긴 단어나 문장을 보여 주어서 극의 효과를 높이는

코러스는 노래와 율동으로 극의 분위기를 만듦

기법으로 사용합니다.

2 학생들을 8-10명 정도의 모둠으로 편성합니다. 그리고 선창자를 정합니다. 한 명이 될 수도 있고, 두세 명이 될 수도 있습니다. 이제 선창코러스 기법을 익히기 위해 동요나 시를 합창으로 읊조려 표현해 봅니다.

익숙한 노래 〈산토끼〉를 예로 들어 보겠습니다. 선창은 선창자만, 합창은 코러스 전체가 외치는데 너무 빠르지 않게 영탄조로 느낌을 충분히 살려가며 선창과 합창을 합니다(주문을 외는 느낌으로).

산에 산에 산에는 토끼가 산다네 (선창)
토끼가 토끼가 (합창 2회 반복)
토끼야 토끼야 어디를 가느냐 (선창)

간다네 간다네 토끼가 간다네 (합창)

네가 가면 나도 간다 (선창)

깡총 깡총 나도 간다 (합창)

학생들이 코러스 기법을 쉽게 익힐 수 있도록 한 학급을 두 팀으로 나눕니다. 한 팀은 산토끼 노래를 아는 대로 부르게 하고, 다른 팀은 그 노래에 맞추어 동작을 보이며 놀게 합니다. 역할을 바꾸어 해봅니다. 다시 한 번 해보는데, 이때는 노래의 가락 없이 그냥 빠르기만 조절하여 빠르게 혹은 느리게 소리를 내고, 그에 맞추어 상대방은 연기 놀이를 하도록 합니다. 그리고 서서히 코러스 기법을 익혀 보다 미적인 감각과 느낌을 살려 봅니다.

시로 이야기 만들기

이제 시를 꼼꼼히 읽어 보고 이야기를 찾아내는 활동으로 들어갑니다.

1 학생들은 모둠별로 모여서 시를 다시 꼼꼼히 읽습니다.

2 이 시에 어떤 이야기가 숨어 있는지 서로 이야기해 봅니다. 모둠원의 의견을 종합하여 이 시에 숨어 있는 이야기를 정리하고, 등장인물은 누구인지 만들어 봅니다.

3 시의 진실은 문자로 적힌 것보다 몇 배 더 많이 숨어 있

습니다. 이 시로 드러난 정서와 상황은 과연 어떤 이야기의 결과이며, 또 앞으로는 어떤 이야기가 펼쳐질까요? 시 〈여승〉을 바탕으로 이야기를 만들어 봅니다.

예) 나는 평안도 어느 금덤판에서 만난 파리한 여인을 잊을 수 없었다. 작고 파리한 얼굴에 가는 손가락을 하고 옥수수를 팔고 있었다. 작은 여자아이가 옆에서 울고 있었고, 그녀는 어린아이를 달래다 지쳐 때리며 저도 울었다. 그 울음은 가을밤처럼 차갑게 느껴졌다. 나도 울었다. 엉엉 소리를 내고 싶었지만 내 울음은 사치인 것 같아 참았다.

밤이 되었고, 여인은 차마 잠을 못 이루고 금덤판을 서성였다. 마치 나를 기다리기라도 하는 듯. 한낮의 오해를 풀고 싶었는지도. 나는 그녀와 파란 밤하늘 아래서 이야기를 나누었다.

나는 잠깐 눈을 감았다. 깨어 보니 해가 중천이었다. 예상했던 일이지만 그녀는 아이와 함께 길을 떠나고 없었다.

아침을 듬성거리고 나도 길을 떠났다. 세월이 어찌 흘렀는지 내 턱에는 어느 사이 수염이 더부룩했다. 나는 바닷가 비린내를 따라 이곳까지 왔다. 해가 뜨는 이곳은 바다와 산이 함께 있어 간혹 내가 찾곤 하는 절이다.

새벽이다. 풍경소리에 잠을 설치고 밖으로 나왔다. 파르라니 깎은 머리가 앳된 느낌을 주는 여승이 합장을 한다.

그녀다.

코러스 기법을 활용해 드라마 만들기

시에서 만들어 낸 이야기는 소설과 같은 서사물은 아닐 것입니다. 어디까지나 시적 영감을 담고 있는 이야기일 테니까요. 따라서 시적 느낌을 간직한 코러스 드라마가 잘 어울립니다. 이제 이 이야기를 바탕으로 10분가량의 코러스 드라마를 만들어 봅니다.

1 등장인물과 배역을 정합니다. 가능하면 등장인물은 주인공 두 사람 정도가 적당합니다. 나머지는 모두 코러스가 담당합니다.

2 이야기를 몇 개의 장면으로 구성합니다. 먼저 각 장면별로 코러스 대사들을 만들어 봅니다. 코러스의 대사는 군중이 될 수도 있고, 특정한 인물이 아닌 일반인들의 마음이 될 수도 있으며, 그 밖에 어떤 가치를 대변하는 목소리가 될 수도 있습니다.

3 각 장면별로 주인공의 대사를 정합니다. 주인공은 독백을 할 수도 있고, 서로 이야기를 할 수도 있으며, 코러스와 이야기를 주고받을 수도 있습니다.

장면 1: 여승과 한 사람이 합장을 하고 인사를 한다. / 코러스 (나무아미타불 관세음보살)

장면 2: 아이를 데리고 장사를 하던 여인이 아이의 뺨을 때린다. 그리고 자신도 쓰러져 운다. / 코러스 (나무아미타불

관세음보살)

장면 3: 여인이 의자에 앉아 머리를 자른다. / 코러스 (뚝뚝 뚝 뚝 뚝 뚝 뚝 뚝)

장면 4: 여인과 한 사람이 다시 합장을 한다. / 코러스 (나무아미타불 관세음보살)

코러스 드라마 발표하기

모둠별로 코러스 드라마를 발표합니다.

─────────────────── **3 팔로우업** ───────

편지 쓰기 & 이야기 나누기

1　여승의 장면에 등장하는 누군가에게 편지를 씁니다. 편지는 포스트잇을 사용하며, 보내는 사람은 익명으로 합니다.

2　편지를 다 쓴 사람은 칠판에 부착합니다.

3　순서대로 나와서 다른 사람의 편지를 읽습니다.

4　둘러앉아 편지를 읽은 소감을 말합니다.

위로의 터널

여승을 다 연기하고 나면 슬픔에 빠집니다. 특히 여승이나 딸 역할을 맡은 사람은 큰 슬픔에서 헤어 나오지 못하기도 합니다. 이때 그들의 역할을 완전히 벗겨 주거나 슬픔을 위로하는 작업을 합니다.

위로의 터널을 만들어 구성원이 두 줄로 마주 보며 늘어서고 위로받을 사람이 그 사이를 통과할 때 한마디씩 위로의 말을 해서 격려해 주면 좋습니다.

위로의 터널은 두 줄로 마주 선 사람들 사이로 격려해 줄 사람을 지나가게 하는 방식입니다. 한 사람이 지나가고 양 옆에 가로수처럼 늘어선 사람들은 천천히 지나가는 사람에게 격려의 말을 해줍니다. 가볍게 허그를 해주어도 좋습니다. 이렇게 터널을 지난 후 소감을 물어보면, 행복하고 위로가 되었다는 말을 하곤 합니다.

어쩌면 우리는 이런 말들을 늘 주고받으며 살아야 하는데, 쑥스럽거나 타이밍을 놓쳐서 미처 전하고 싶은 위로를 못하고 사는 건 아닐까요? 그렇다면 드라마 후에 공식적으로 그런 말을 나눌 시간을 마련해 봅니다. 이렇게 하고 나면 말한 사람, 들은 사람 모두 훈훈한 정서를 느끼게 될 겁니다.

3 | 확장

〈여승〉과 〈섬집 아기〉

이 수업을 하기 전에 〈섬집 아기〉 수업을 먼저 하면 자유학기제의 8차시를 연계하여 하나의 주제로 수업을 만들 수 있습니다. 이때 수업의 맥락을 이어 주는 주제는 '엄마와 아이'입니다. 아이와 함께 있어야 할 엄마는 왜 일을 하러 나가야 할까요? 또 여승의 귓가에 맴도는 소리는 무엇일까요?

1 〈섬집 아기〉 1절을 들려줍니다(유튜브 이용).

2 모둠별로 노래 가사를 토대로 3개의 장면을 만들어 연습한 후 발표하게 합니다. 정지장면, 동영상 모두 가능합니다.

3 모둠별로 아기의 정서를 즉흥으로 표현하게 합니다.

4 2절을 들려줍니다.

2절의 장면을 하나의 정지장면으로 만들어 보여 주게 합니다. 2절의 정서와 1절의 정서에서 드러나는 차이점을 이야기 나눕니다.

2절 가사에서 "다 못찬 굴 바구니"를 들고 아이가 혼자 잠든 집으로 뛰어오는 엄마의 모습 속에서 발견한 것, 아이와 엄마의 재회 이후의 정서를 즉흥으로 보여 준 후 이야기를 나눕니다.

5 이어지는 차시에서 〈여승〉 코러스 드라마를 합니다.

섬집 아기와 여승에서 엄마와 아이가 나옵니다. 그들의 애틋함과 안타까움의 배경에 관하여 이야기를 나눕니다.

6 차시를 더 배정하여 해결의 관점을 찾아보고, 해결의 방법을 모색하여 봅니다.

섬집 아기가 자라난 10년 후의 이야기를 극으로 만들어 봅니다. 그 아이가 부모가 되었을 때의 이야기를 상상하여 그림으로 그려 보고 장면을 만들어 발표한 후 이야기를 나눕니다.

　7　팔로우업으로 섬집 아기에게 해주고픈 격려의 메시지를 쓴 후 발표합니다.

수업의 흐름

차시	과정	내용	유의 사항
1	웜업	적절한 놀이	웜업 시간은 조정할 수 있음
2	드라마	코러스 연습 드라마 만들기	
3	드라마	드라마 만들고 공연하기	
4	팔로우업	섬집 아기와 여승 이야기 나누기	

3

영화와 애니메이션으로
연극하기

요즘 학생들은 아무래도 연극보다는 영화나 애니메이션을 훨씬 더 자주 접합니다. 사실 영화, 애니메이션조차 충분히 즐길 수 없는 것이 요즘 아이들의 처지이긴 합니다. 연극이나 문학은 오죽하겠습니까? 게다가 얼마 되지 않은 여가 시간을 모바일 게임이 빠른 속도로 잠식하고 있습니다.

영화나 애니메이션은 아이들이 비교적 쉽고 재미있게 접할 수 있는 서사예술입니다. 최근 연극계도 영화, 애니메이션과 적극적으로 융합을 시도하고 있습니다. 영화와 애니메이션으로 익숙한 이야기 속으로 직접 들어가 보고, 이를 몸으로 구현하는 수업을 해보는 것은 어떨까요?

시간과 함께 흘러가 버리는 영상들을 되돌려 자신의 것으로 만들고 다른 가능성을 열어 생각을 키우는 수업을 한다면 무척 보람 있는 시간이 될 것입니다.

Ⅰ | 수업 개요

학생뿐 아니라 어른에게도 많은 감동을 안겨 주었던 아주 유명한 작품이죠. 저는 이 영화를 세 번이나 보았습니다. 두 번은 어른 남자와 같이 보았고, 한 번은 십대 소녀와 함께 보았지요. 어른 남자는 속으로 울었을지 모르지만 겉으로는 잘 알수 없었습니다. 그런데 십대 소녀는 저와 같은 장면에서 눈물을 터뜨리고 말았습니다. 내내 눈물을 훔치며 영화를 보았습니다. 어린 시절 자신의 모습이 오버랩 되면서 여러 가지 생각이 떠올랐나 봅니다.

우리의 정서를 캐릭터로 만들고 고유한 색깔을 부여한 발상이 무척 재미있었습니다. 더구나 그들이 사람 마음속에 살고 있는 존재이고, 사람의 생각과 행동이 이들 정서들 간의 상호작용의 결과라는 설정은 참으로 감탄스럽습니다. 이들은 하루에도 몇 번씩 주도권을 가진 존재가 바뀌지만, 그래도 가장 중요한 정서 캐릭터는 '기쁨이'와 '슬픔이'였습니다. 나이와 성별에 따라 조금씩 그 강도가 다르지만 대개 사람은 비슷한 정서의 종류를 안고 자라서 어른이 되고, 각 정서의 주도권이 바뀌는 상황을 경험하며 살아가게 됩니다.

슬픔이는 결코 나쁜 캐릭터가 아닙니다. 게다가 그의 게으름은 너무도 다행스럽습니다. 부지런히 움직이는 기쁨이와 달리 아주 느리고 게으른 슬픔이는 아주 묵직하게 버티다가 가끔 결정적인 순간을 만듭니다. 슬픔이의 도움으로 주인공은 마음의 크기를 키워 갑니다. 성장의 고통이 슬픔이의 묵직함이라면, 기쁨이는 가볍게 터치하고 위로해 줍니다. 봉봉이가 희생하는 장면은 가히 이 영화의 백미라고 말할 수 있겠습니다. 어린 시절 꿈과의 이별… 그것은 단순한 이별이 아니지요. 새로운 희망과 꿈을 위한 이별이랍니다.

이런 감동적이고 깊숙한 내면의 이야기를 한 번 보고 흘려보내기는 너무 아깝겠죠? 이걸 가지고 다음 세 가지 수업을 만들어 볼 수 있습니다.

2 | 수업의 실제 1

▌ 웜업

신호등 놀이

앞에서 했던 신호등 놀이를 조금 변형해 봅니다. 신호등 구령 (빨간불, 파란불, 노란불)에 따라서 걷다가 반응하는 것은 동일하지만, 반응 방식을 바꿉니다. 빨간불 구령에 따라 자신의 현재 정서와 닮은 색깔 아래로 모이게 합니다.

현재 나의 정서를 지배하는 것은 무엇인가? – 기쁨(연두), 슬픔(파랑), 버럭(빨강), 소심(보라) 까칠(초록)

교실의 4면에 연두색(기쁨), 파란색(슬픔), 빨간색(버럭), 보라색(소심), 초록색(까칠) 그림을 부착해 두고 학생들이 그 아래로 모이게 하는 것이 효과적입니다. 정서를 나타내는 색깔 아래로 학생들이 모이면 그대로 모둠을 정합니다.

---

2 드라마 활동

이 프로그램의 드라마 활동은 지난 한 주 동안 자신이 느낀 주된 정서를 친구들과 이야기 나누고, 장면으로 표현하기로 시작하여, 그 정서를 갖게 된 이유를 스스로 성찰해 보는 것을 주된 목표로 합니다.

따라서 웜업을 통해 구성된 모둠원끼리 같은 색깔의 정서를 선택한 만큼 그 정서를 갖게 된 이유를 이야기 나누며 공감대를 형성할 수 있을 것입니다.

모둠 구성 후 이야기 나누기

모둠별 구성원 모두에게 돌아가도록 종이를 한 장씩 나누어 줍니다. 각자 지난 한 주 동안 있었던 사건을 떠올려 지금의 정서가 생겨난 이유를 간단히 그림으로 그려 봅니다. 그림이 어려우면 사건을 글로 써도 됩니다. 현재의 정서를 발생시킨 사건이나 상황을 생각해 보는 데 이 활동의 목적이 있습니다.

종이에 그린 이야기들을 모둠원끼리 돌아가며 이야기하

교실 바닥에 앉아서 모둠별로 종이에 그린 그림으로 이야기를 나눔

고, 이 이야기들을 종합하여 모둠별로 이야기를 구성하여 표현할 장면을 결정합니다. 이야기 하나를 선택해도 되고, 새로운 이야기를 구성해도 됩니다.

장면 만들고 보여 주기

이야기 내용을 토대로 모둠별로 장면을 만들어 보여 줍니다. 타블로 여러 컷이어도 좋고, 동영상으로 즉흥 공연을 해도 됩니다. 이때 어떤 사람의 이야기를 바탕으로 드라마를 만들었다면, 주인공은 다른 사람이 하는 게 좋습니다. 이야기의 주인공은 따로 앉아 자신의 이야기를 바탕으로 한 공연을 구경하는 관객이 되어도 좋습니다.

드라마 활동 후 모두 빙 둘러앉아 소감을 이야기합니다.

이야기를 나눈 후 현재의 나에게 필요한 정서가 무엇인지 생각하게 합니다. 이를테면 현재의 정서는 기쁨인데 까칠이가 필요하다거나, 혹은 현재의 정서는 소심인데 버럭이가 필요하다고 하는 등 현재 나에게 있으면 좋겠다고 생각하는 정서가 무엇인지 생각하는 시간을 주는 것입니다.

정서를 나타내는 색깔 아래로 다시 모이기

잠시 후 생각을 다했으면 현재 필요하다고 생각한 정서의 색깔 아래로 학생들이 이동하도록 합니다. 어떤 사람은 원래 기쁨 상태였는데, 슬픔이 필요하여 그 색깔 밑으로 이동할 수도 있고 그 반대의 경우도 있을 겁니다.

이동한 이후 다시 빙 둘러앉아 이동한 이유, 다시 말해 필요하다고 여긴 정서를 선택한 이유를 돌아가며 이야기합니다.

기쁨이에게는 진지한 슬픔이 필요할 수 있고, 슬픔이에게는 버럭이가 필요할 수도 있습니다. 이러한 활동을 통해 학생들은 속마음을 서로 이야기하는 소중한 시간을 갖게 될 겁니다.

수업의 흐름

차시	과정	내용	유의 사항
1	웜업	신호등 놀이	웜업 시간은 조정할 수 있음
	드라마	정서 색깔 아래로 모여 이야기 나누기	
		장면 만들고 발표하기	
	팔로우업	다시 정서 색깔 아래로 모여 이야기 나누기	

3 | 수업의 실제 2: 영화를 보고 이야기 나누며 할 수 있는 수업

이 수업은 영화를 소재로 성장의 히스토리를 돌아보는 것입니다. 어떤 계기를 통하여 성장하게 되었는지 스스로 생각하고 친구들과 이야기 나누며 내면을 응시하고, 다시 용기를 북돋우는 경험을 하도록 차분한 시간을 이어 갑니다.

▌웜업

웜업이 다른 프로그램에 비해 상대적으로 조용하고, 시간도 길 수 있습니다. 그것은 다음의 본 활동을 위해 필요하니 차분하게 진행하도록 합니다.

이야기 나누기

늘 놀이로 웜업을 해야 하는 것은 아닙니다. 이 수업에서는 이야기 나누기로 마음을 열어 줍니다. 다음은 영화를 보았다는 전제하에 학생들과 교사가 나눌 수 있는 대화 사례입니다.

질문: 인사이드 아웃의 스토리에서 가장 큰 갈등의 원인은 무엇인가요?
답변: 이사를 간 부모 – 경제적인 이유, 새로 이사 간 곳에서 아이가 느낀 것 – 달라진 환경, 아빠의 버럭, 친구가 나를 잊어버리고 다른 친구와 친해짐. 아이스하키 팀에서 창피를 당함, 상상 속의 친구가 사라짐

교사는 다음과 같은 읽기 자료를 나누어 주거나 이야기를 들려주어서 생각을 촉발합니다.

2300년 전 아리스토텔레스는 "인간은 세상 무엇보다도 행복을 더 추구한다."라고 했습니다. 건강, 아름다움, 부와 권력 따위 역시 우리를 행복하게 만들어 주리라 기대하기 때문에 바라는 것이겠지요. 한편 19세기 영국의 철학자 밀은 "네 스스로 행복하냐고 물어보는 순간 행복은 달아난다."라고 말했습니다. 행복은 찾는다고 찾아지는 게 아니라는 말이겠지요. 그렇다면 대체 행복은 어디에 있을까요? 애니메이션영화 〈인사이드 아웃〉의 캐릭터들이 생각났습니다.

가장 행복해 보이는 캐릭터인 기쁨이조차 슬픔이 없이는 성장이 안 되던 걸요. 이제 그 이유를 함께 생각해 볼까요?

질문에 답하기

아래의 내용을 질문으로 주고, 학생들은 종이(혹은 공책)에 답을 적도록 합니다. 표를 그려도 좋습니다.

1 나를 성장시킨 결정적인 사건은 무엇인가요? 시기를 어린 시절, 청소년기로 나누어 작성합니다.

2 내 성장의 계기가 된 사건에서 내가 느낀 정서의 색깔은 무엇이고 그 이유는?

3 내 성장에 도움이 되었던 슬픈 사건이 있다면?

4 영화 〈인사이드 아웃〉 속 '빙봉'처럼 절대 잃어버리고 싶지 않은 어릴 적 상상의 스토리 혹은 상징이 있나요?

누구에게나 어릴 적 소중했던 인형, 장난감 혹은 베개 등의 집착물품이 있습니다. 없을 수도 있으니 너무 강요하지 않습니다. 물건이 아니더라도 어떤 장소, 사람이 될 수도 있습니다. 저는 어린 시절 추억 때문인지 아직도 코끼리 인형을 좋아합니다.

나의 내면 응시하기

1 먼저 백지 두 장을 준비합니다. 백지 한가운데에 '나'라고 씁니다.

2 다음 중 좋은 감정과 불편한 감정을 2개씩 고릅니다.

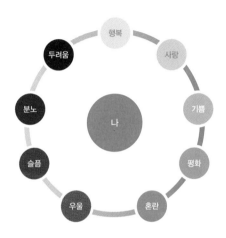

3 각자 고른 감정들을 출발점으로 하는 마인드맵을 그립니다. 마인드맵을 다 그렸으면 이것을 응시합니다.

4 눈을 감고 떠오르는 화면, 또는 영상처럼 떠오르는 장면을 바라봅니다. 그 장면에 등장하는 인물, 장소, 소리 들을 느껴 봅니다.

5 그 기억의 화면들을 바라보고(눈을 감은 채) 작은 소리로 말합니다. "그땐 내가…."

6 이런 식으로 화면이 떠오를 때마다 작은 소리로 말해

봅니다. "그때 내가…." 만약 그 장면을 응시하는 것이 힘들거나 괴롭다면 삭제해도 됩니다.

3 팔로우업

소감을 나누어 봅니다. 혹은 나에게 편지를 씁니다.

수업의 흐름

차시	과정	내용	유의 사항
1	웜업	이야기로 생각 열기	웜업 시간은 조정할 수 있음
2	드라마	내면과 이야기 나누는 드라마	
	팔로우업	소감 나누기	

4 | 수업의 실제 3: 영화 속 모험의 장면을 내레이션으로 들으며 연기하기

──────────────── ▌ 웜업과 드라마 활동 ────────────────

이 수업은 웜업과 드라마 활동을 따로 구분하지 않습니다. 내레이션을 들으며 모두 자유로이 표현하는 활동입니다. 선생님은 준비한 내레이션 대본을 실감나게 들려주고, 학생들은 그에 따라 몸을 움직이며 표정도 연기하게 됩니다.

모두 함께하는 것이므로 수치심을 느끼지 않을 수 있지만, 잘 못하겠다고 호소하는 학생은 강요하지 않도록 합니다. 때로 의자에 앉아서 상상하며 약간씩 움직이는 것을 허용해 줍니다.

1 학생들에게 A4 용지를 나누어 줍니다. 학생들은 A4 용지를 8등분으로 자릅니다. A4보다 큰 종이를 잘라도 관계없습니다. 학생들은 잘라진 종잇조각 하나마다 자신에게 소중한 것을 하나씩 적습니다.

예) 기억, 물건, 책, 도구, 음악, 옷, 신발, 사람(단, 자기 자신은 제외합니다)

2 학생들은 8등분한 종이에 적은 소중한 것들을 들고 자리에서 일어나 모험을 떠날 준비를 합니다. 선생님은 악기(또는 음악)와 내레이션을 준비합니다. 내레이션은 수업을 진행하는 선생님이 나름대로 작성할 수 있습니다.

3 이제 선생님의 내레이션이 시작됩니다. 학생들은 선생님의 내레이션을 들으며 본인이 생각하기에 가장 효과적인 방식으로 몸을 사용하여 표현합니다. 소리는 내지 않습니다.

자, 이제 모험을 떠납니다.

여러분은 모두 아주 멋진 스포츠카에 오르게 됩니다. 아이쿠, 그런데 이게 어인 일이랍니까? 가지고 있는 종이 2장을 버려야 차가 움직인다네요. 어서 종이 2장을 자신의 책상 위에 올려 두고 출발선으로 다시 와주세요.

자, 준비되었나요? 그럼 떠나 보겠습니다. 와우~!! 차가 쌩쌩 달리는군요. 아주 멋진 모습입니다. 어허, 이제 여러분은 차를 멈춰 세우세요. 강을 건너야 합니다. 어서 저마다 보트에 올라타 주세요. 그런데 이번에도 종이 2장을 버려야 해요. 어서 책상 위에 종이 2장을 버리고 보트에 올라타 주세요.

이제 아름다운 보트에 오르셨나요? 떠나겠습니다. 물살을 가르며 쌩쌩 달리는 보트 위의 여러분은 정말 좋겠습니다. 어허, 강을 건너는 길에 여러분은 강가의 바위틈에 있는 동굴을 통과해야 합니다. 그때 종이 1장을 버려야 해요. 버리셨나요?

그럼, 동굴을 통과해 보겠습니다. 으어~ 이제 어쩌죠? 동굴에서 겨우 빠져나오니, 보트와 헤어져야겠군요. 절벽과 절벽 사이를 이은 다리를 건너야 해요. 앗, 조심하세요.

그리고 이제 무사히 이 다리를 건너기 위해 종이 1장을 또 버려야 합니다. 버리셨나요?

드디어 마지막 코스입니다. 하늘을 나는 기구를 타고 마지막 목적지에 도착하면 됩니다. 그런데 이 기구를 타려면 가지고 있는 종이 중 하나를 마저 버려야 합니다. 딱 한 장만 가지고 탈 수 있어요. 버리셨나요?

이제 하늘을 날아 목적지로 향하겠습니다. 여러분에게 마지막 남은 종이에는 어떤 것이 씌어 있나요? 그것이 바로 여러분에게 가장 소중한 것이랍니다.

---

tip

모험의 순서

모험을 떠나면서 각 관문에서 사용해야 하는, 즉 버려야 하는 종이 개수는 다음과 같다.

1관문: 스포츠카 레이싱을 위해(2장)

2관문: 보트에 타기 위해(2장)

3관문: 동굴 통과를 위해(1장)

4관문: 다리를 건너기 위해(1장)

5관문: 기구를 타기 위해(1장)

이렇게 총 7장을 버리면 한 장이 남는다.

---

3 팔로우업 —————

소감 나누기

1 모둠별로 둘러앉습니다.

소감문을 쓰는 중

2 마지막으로 남은 종이에 무엇이라고 적혀 있는지 서로 확인합니다.

3 마지막으로 남은 종이는 무엇을 적은 것이었는지 모둠원끼리 이야기를 나눕니다. 이때 그것을 마지막까지 간직한 이유를 함께 이야기합니다.

4 마지막 종이에 쓰인 것에 대하여 평소에 어떤 태도로 대했는지, 혹은 그것의 의미에 대하여 어떤 무게감을 지니고 있었는지 깨달은 바를 이야기합니다.

소감문 쓰기

1 모둠원끼리 소감을 나눈 후 그 내용을 각자 정리하여 기록합니다.

2 마지막으로 남은 종이에 쓰인 것을 A4 용지 혹은 공책의 한가운데에 적고, 그것을 시작점으로 하여 마인드맵을 그려 봅니다. 한가운데에 쓰인 가장 소중한 하나에서 출발하여 그린 마인드맵을 통해 어떤 것들이 연결되어 있는지 각자 살펴보고 느낀 점을 글로 적습니다.

수업의 흐름

차시	과정	내용	유의 사항
1	웜업 드라마	웜업과 드라마 활동이 이어져 있음	준비물: 종이쪽지
	팔로우업	소감 나누기 소감문 쓰기	시간이 부족하면 팔로우업은 한 차시 더 할 수 있음

3 | 확장

《수업 중에 연극하자》에 소개된 활동인 '드래곤호의 모험'을 응용하여 적용할 수 있습니다. 다음과 같이 진행해 봅시다. 자세한 활동 순서와 내용은 이 책을 참고하기 바랍니다.

1 10명 정도가 한 모둠이 되도록 구성한 후 드래곤 1호, 2호로 이름을 붙여줍니다.

2 각 드래곤호마다 캡틴을 뽑습니다.

3 승선의식을 합니다.

소중한 추억을 제물로 바치기

신기한 능력을 선물로 나누어 갖기

능력을 완성하는 춤

4 마법사는 누구일까요?

5 모험을 떠난 후 각 모둠이 도착한 곳은 어떤 곳일까요? 상상을 더하여 모둠 안에서 이야기를 나눈 후 커다란 종이(4절 혹은 2절)에 그림을 그립니다.

6 그림을 벽에 부착한 후 각 모둠의 순서를 정하여 발표의 시간을 갖습니다. 발표하는 모둠은 모둠원 전원이 나와 다른 모둠에게 그림을 해석하여 설명해 줍니다.

7 그림 속 장소에서 일어난 가장 인상 깊은 3개의 장면을 타블로로 표현합니다.

tip 교사는 3개의 장면 발표를 위해 미리 그림을 그릴 때, 각 모둠을 순회하며 미션을 부여하는 것이 좋다.

우리가 살고 싶은 곳은 어떤 곳인지 상상의 나래를 펴서 이야기를 나누어 봅니다. 살고 싶은 곳이 지리적으로 혹은 물리적으로 도달이 가능한지, 아니면 상상 속에서만 가능한지, 또 형태가 실재하는지 아니면 마음의 상태로 정해지는지 이야기를 나누어 봅니다.

수업의 흐름

차시	과정	내용	유의 사항
1	웜업 드라마	드래곤호의 모험	음악이나 적절한 소리가 있으면 좋음
		즉흥극 그림 그리고 장면 만들어 보여 주기	
2	팔로우업	이야기 나누기	

Ⅰ | 수업 개요

타이완의 수도 타이페이는 제가 가장 좋아하는 여행지 중 하나입니다. 저에게 타이페이는 다정하고 친절한 도시로 기억됩니다. 사실 타이완은 여유 있는 처지가 아닙니다. 그 나라 역시 역사적으로 식민지 시절을 겪었고, 지금 우리가 대치하고 있는 북한과는 비교할 수 없는 상대인 중국과 얄궂은 관계에 있습니다. 그럼에도 불구하고 타이페이에서 만난 사람들은 한결같이 여유 있고 낙관적이고 다정했습니다. 무엇보다도 그들의 삶 속에서는 우리처럼 치열한 경쟁이 느껴지지 않았습니다. 우리나라만큼이나 입시교육이 치열한 곳임에도 불구하고 말입니다.

오후가 되면 체육복을 입고 하교하는 느긋하고 편안한 모습의 학생들이 거리를 채우고, 이들의 먹성을 만족시키는 싸고 맛있는 먹거리가 곳곳에 널려 있습니다. 골목을 하나 돌 때마다 저마다의 개성을 지닌 크고 작은 점포와 예쁜 카페 들이 있습니다.

영화 〈타이페이 카페 스토리〉는 그 카페들 중 하나를 배경으로 만들어졌습니다. 이지적인 매력을 지닌 여배우 구이룬메이(계륜미 분)가 나옵니다. 우리나라에서는 〈말할 수 없는 비밀〉의 여주인공으로 유명하죠. 주인공 구이룬메이는 여동생과 함께 물물교환 카페를 운영합니다. 자매는 세상에 없던 물물교환 카페를 만들어 갑니다. 이곳에서 무언가를 가져가려면 무언가를 가져와야 합니다. 돈은 안 되고 반드시 소중한 어떤 것이어야 하죠.

우리는 어떤 공간 속에서 시간을 살아갑니다. 그 공간을 메우는 것들은 우리의 호흡과 무수한 이야기입니다. 공간을 점하는 크고 작은 물건들은 시간이 가져온 이야기의 소재가 됩니다. 어떤 공간에 있는 물건의 유래를 생각해 보면서 교육연극 수업의 소재로 응용해 봅시다. 작은 물건이 그 공간에 찾아들게 된 이야기, 그것이 지닌 의미를 서로 이야기하는 것이야말로 추억을 상기시키는 삶의 이야기가 아니겠습니까? 교육연극 수업에서 학생과 선생님이 나누는 이야기는 이렇게 작은 소재에서 출발할 수도 있습니다.

2 │ 수업의 실제

│ 웜업

아이앰 그라운드 나라 이름 대기
여행 가고 싶은 나라 이름으로 아이앰 그라운드 놀이를 합니다. 나라 이름을 정한 후 자리 뺏기 놀이를 합니다. 샐러드 게임을 응용한 놀이인데, '샐러드' 구령으로 모두 자리를 바꾸며

뺏는 대신 구령을 "위 아 더 월드We are the world"로 합니다.

과일샐러드 게임의 변형

이번에는 나라 이름도 아니고 과일도 아닌, 우리의 스트레스 근원이 되는 것들을 정해 두고 놀이를 해봅니다. 놀이 요령은 똑같습니다.

과일 이름이나 나라 이름 대신 스트레스의 원인 네 가지를 정해 봅니다. 공부와 용돈, 친구나 다이어트 등과 같이 말이죠.

몸짓으로 말해요

이 놀이는 추억의 TV프로그램인 '가족 오락관'에서 주로 했던 스피드퀴즈와 비슷한 놀이입니다. 제일 앞 사람이 답을 본 후 몸짓으로 단어를 설명하여 전달하고 맨 뒤 사람이 알아맞히는 방식으로 진행합니다(인물이나 속담으로 응용하여 스피드퀴즈로 진행할 수 있습니다).

1 두 팀으로 나누어 스케치북에 버킷리스트 10가지를 작성합니다.

2 상대 팀의 버킷리스트를 받아 동작만으로 표현하여 자기 팀의 다음 주자에게 알려줍니다. 이와 같이 계속 동작으로 릴레이를 하여 가장 마지막 주자가 무엇인지 알아맞힙니다.

3 게임을 진행하는 선생님 또는 학생은 스톱워치로 시간을 잽니다. 주어진 시간 안에 가장 많은 버킷리스트를 알아맞힌 팀이 승리합니다. 승리한 팀에게 선물을 주어도 좋습니다 (막대사탕 등).

사물을 다른 시선으로 바라보기

1 학생들을 두 그룹으로 편성합니다. 한 그룹은 표현하고, 다른 그룹은 알아맞힙니다.

2 교사는 표현 조 학생 수만큼의 사물 이름을 적은 카드를 준비합니다.

3 표현 조 학생들이 카드를 뽑습니다. 본인 외에는 어떤 사물을 뽑았는지 알지 못합니다.

4 표현 조 학생들이 차례대로 나와서 상상력과 창의력을 발휘하여 그 사물을 몸짓으로 표현합니다. 특징을 묘사할 수도 있고, 사용하는 상황을 묘사할 수도 있습니다.

5 이렇게 차례대로 표현하면, 다른 그룹 학생들은 퀴즈처럼 알아맞힙니다. 가장 많이 맞춘 학생에게는 소정의 상품을 줍니다. 만약 제한 시간 안에 맞추지 못하면 상품은 표현한 학생에게 돌아갑니다.

이 돈으로 무엇을 하지?

어떤 상황을 던져 주고, 그 상황에서 무엇을 할지 선택하여 이를 표현하는 활동입니다. 여기서는 영화 〈타이페이 카페 스토리〉의 대략적인 스토리를 바탕으로 활동하도록 구성하였습니다. 영화의 설정을 따라 일정 액수의 돈이 주어진 것으로 하겠습니다. 대학교 입학금으로 되어 있기 때문에 우리나라 실정에 맞춰 1,000만 원으로 잡아 보았고, 나누고 싶은 주제에 따라 조건은 달리 정할 수도 있겠습니다.

학생들은 모두 아버지가 남겨 준 유산 가운데 1,000만 원을 어떻게 쓸 것인지 결정해야 하는 대학 입학을 앞둔 나이의 주인공이라고 설정합니다.

1 다음과 같이 두 가지 선택지를 제시합니다: "나에게 1,000만 원이 주어진다면 그것으로 무엇을 할 것인가?"

2 선택지를 작성합니다. 학생들의 의견을 모아 할 수 있는 일 몇 가지를 정하고 손을 들어 선택한 결과에 따라 모둠을 나눕니다.

3 모둠별로 1,000만 원으로 할 수 있는 일을 타블로로 만들어 학급 모두의 앞에서 표현합니다.

4 선택의 결과로 얻게 되는 정서 상태를 타블로로 표현하고, 선생님은 어깨에 손을 올려 각자의 속마음을 간단하게 들어봅니다.

5 혹시 선택지를 바꿀 의사가 있는지 물어보고, 원한다면 바꿀 수 있도록 합니다.

6 바꾼 이유를 발표하게 합니다.

이야기 나누기: 우리는 왜 선택의 기로에 빠지는 걸까?

학생들이 스스로 이야기를 나눌 수 있도록 합니다. 정답을 제시할 필요는 없지만, 시간이 한정된 인간의 유한성 때문에 선택의 기로에 서게 된다는 등의 이야기를 하게 될 겁니다.

딜레마는 무엇인가? 나에게 주어진 유산(1,000만 원)으로 두 가지 즉 공부를 하여 내일을 기약할 것인가? 여행을 떠나 현재의 자유를 만끽하고 경험을 쌓을 것인가? 둘 중에 하나를 결정하라면 무엇을 선택할 것인가?

전문가의 망토: 1,000만 원으로 세상에 없는 카페 차리기

이 활동은 영화와 같은 상황이 주어졌을 때 학생들이 등장인물의 입장이 아니라 사회 각층의 전문가 입장에서 실제적 고민을 할 수 있도록 하는 수업입니다. 이 수업을 통해 문학, 영화, 그리고 진로교육까지 결합할 수 있습니다.

1 의뢰인의 등장: 교사는 의뢰인이 되어 다음과 같은 의

뢰를 합니다. 교사는 다음 이야기에 나오는 인물의 동생이나 친구 등의 역할을 담당합니다.

제 친구가 있습니다. 얼마 전에 아버지가 돌아가셨는데, 유산이라고는 현금 1,000만 원과 아주 오래되고 낡은 카페 하나뿐입니다. 카페는 워낙 오래되고 낡아서인지 손님이 별로 없습니다. 그런데 아버지의 유언장에는 카페를 팔아서도 안 되고 문을 닫아서도 안 된다고 못을 박았습니다. 만약 그럴 경우 1,000만 원조차 사회복지재단에 기부한다는 것입니다. 하지만 매달 100만 원씩 나는 카페의 적자를 감당할 수 없습니다. 어떻게 해야 할까요? 전문가의 조언이 필요합니다. 여러분이 우리나라 최고의 카페, 요식업 재생 전문가들이라 찾아왔거든요.

2　학생들은 의뢰인의 말을 듣고 학생이 아니라 카페, 요식업 재생 전문가로 변신합니다.

3　세부 전문가를 결정합니다. 요식업을 재생시키기 위해서는 여러 분야의 전문가들이 필요합니다. 학생들은 4-5명의 모둠으로 모여서 이 카페를 재생시키려면 어떤 분야의 전문가들이 필요한지 의견을 나누고, 모둠별로 발표합니다.

4　발표 결과에 따라 필요한 전문가들의 목록이 완성되면, 모둠별로 각자 전문가 중 한 사람의 역할을 담당합니다.

5　각 모둠별로 '(가칭) 카페 부활 프로젝트'를 진행합니다.

그리고 프레젠테이션 자료를 만들어 발표합니다. 이때 학생이 아니라 전문가로서 발표해야 합니다. 전지를 나누어 주어 설계도와 마케팅 전략을 그리고, PPT도 활용합니다.

---

3 팔로우업

20년 후의 나

'20년 후의 나'를 중간 기준점으로 하여 일기 형식의 세 문장을 종이에 적어 봅니다.

> 나는 ~ 한 가치를 추구하며 ~ 하게 살아왔다.
> 나는 지금의 나의 모습에 만족한다/불만족한다. 왜냐하면 ~ 하기 때문이다.
> 나는 앞으로의 여생을 ~ 하게 살아가고 싶다.

각자 쓴 문장을 읽고 그 내용에 대해 이야기를 나누어 봅니다.

수업의 흐름

차시	과정	내용	유의 사항
1	웜업	아이앰 그라운드 나라 이름 대기 외	웜업 시간은 조정할 수 있음
2	드라마	무엇을 할까? 모둠 나누기 선택의 결과를 타블로로 표현하기 이야기 나누기	
3	드라마	전문가의 망토	차시를 더 늘일 수 있음
4			
5	팔로우업	20년 후의 나 종이에 적고 이야기 나누기	

3 | 확장

▮ 가치 경매

다음 프로그램은 제가 지도하는 홍익대학교 대학원 학생들이 과제로 만든 교육연극입니다. 저의 타이페이 카페 스토리 프로그램과 유사한 점이 있어서 양해를 구해 함께 싣습니다.

1 개인당 쓸 수 있는 돈의 상한액을 1,000만 원으로 설정합니다.

2 가치 카드를 5개(하양, 빨강, 노랑, 파랑, 초록) 만듭니다. 자신이 가치 있다고 생각하는 것들을 카드에 적는데, 서로 색깔을 다르게 합니다. 가치의 종류는 물질적인 것이 될 수도 있고, 자신의 신체의 특징, 성격 혹은 도덕 등 무엇이라도 상관없습니다. 교사가 미리 8종류의 색상지를 준비해서 나누어 주는 방법도 있습니다. 만약 색상지의 종류가 부족하면 사인펜이나 색연필을 이용하여 색을 넣습니다. 예를 들면 학생들은 다음과 같은 서로 다른 가치 카드를 가지고 있게 됩니다.

이 부분에서는 구체적인 것으로 바꿀 수 있습니다.

학생1: 뛰어난 판단력 / 지치지 않는 열정 / 샘솟는 지혜 / 원하는 것을 할 수 있는 자유 / 도전하는 용기

학생2: 당당한 자신감 / 근면성실 / 마음의 평화 / 백화점 명품관 평생 무료이용권 / 한도 무제한 카드

학생3: 최신형 자동차 무료 교체권(3회) / 억대 주식 부동산(땅) / 예쁜 얼굴 / 날씬한 몸매 / 탄탄한 근육

학생4: 풍성한 머리숱 / 피부과 평생 vip 이용권 / 티 안 나는 전신성형 이용권 / 세계평화 / 종교적 완성(신앙)

학생5: 사회정의 / 남을 돕는 마음 / 누구나 알아보는 유명인(스타) / 높은 지위와 권력 / 사회적 명예

학생6: 만족스러운 결혼 / 믿음 있는 사랑 / 이상형과의 로맨스 / 행복한 가정(가족) / 진실한 우정

학생7: 매년 한 달씩의 휴가 / 상대방의 생각이 보이는 안경 / 기적의 암기력 / 5개 국어 구사능력

학생8: 뛰어난 예술적 재능 / 평생 공연(뮤지컬/연극) 관람권 / 모든 병을 고치는 약 / 생명 10년 연장권

학생9: 종합검진 평생 무료 이용권 / 평생 마실 수 있는 깨끗한 물 / 평생 쓸 수 있는 공기청정기

---

3 자신이 획득한 가치들 중 가장 큰 돈을 쓴 가치 하나를 선택합니다. 가장 가치 있는 것을 어떤 색에다 적는지는 정해 두지 않고 각자에게 맡겨 둡니다.

4 그 가치 카드의 색깔대로 조를 편성합니다. 즉 가장 가치 있는 것을 흰색에 적은 모둠, 빨간색에 적은 모둠, 이런 식으로 다섯 개의 모둠을 편성합니다.

5 각 모둠은 구성원들이 들고 있는 가치들로 모두 모아서 종이에 단어들로 나열합니다. 5명이 한 모둠이면 모두 25개의 단어가 나오지만, 중복되는 것이 있을 경우 더 적을 수도 있습니다.

6 이 단어를 연결하여 하나의 완결된 문장을 만들어 봅니다.

7 이 문장을 이용하여 어떤 상황을 설정하고, 이것을 한 컷의 타블로로 표현한 뒤 서로 보여주고 질의응답 시간을 갖습니다.

8 각 조별로 그 가치를 추구한 지 20년이 지난 후의 모습을 상상하여 짧은 드라마 동영상으로 만들어서 표현합니다.

2 물물교환 카페

학기말 시험이 끝나고 학생들과 물물교환 카페를 만들어 파티를 한 적이 있습니다. 세상에 없는 카페였지요.

우선 아이들이 집에서 나누고 싶은 물건을 가져옵니다. 책상 배치는 ㄷ자로 하여 전체가 서로를 볼 수 있게 합니다. 사회는 선생님이 보고, 첫 번째 물건부터 사연을 이야기합니다. 그리고 물건을 내놓습니다. 그 물건을 가지고 싶은 사람들이 저마다 자신의 물건과 바꾸자고 제안합니다. 자신의 물건은 어떤 사연이 있다거나 무엇에 좋다는 등으로 소개가 끝나면 최초의 물건 주인이 그중에서 고릅니다. 이렇게 선택된 물건의 주인과 물물교환이 이루어집니다.

학생들은 한 시간을 아주 재미있게 놀며 카페 파티를 했고, 물물교환의 재미에 푹 빠졌습니다. 때로는 가격 차이가 많이 날 법한 물건끼리도 교환이 되었는데요, 그건 원하는 사람에게 그 물건의 가치는 돈으로 측정할 수 없기 때문입니다.

이 아이디어를 확장하여 다음처럼 다양한 시도를 해볼 수 있습니다.

세상에 없는 카페 창업을 위한 커뮤니티 만들기

- 모둠을 구성합니다.
- 모둠원끼리 자신에게 남는 가치를 내놓습니다. 어떤 능력이어도 좋고, 물건이어도 좋습니다.
- 내놓은 가치를 전체에 공개하고 다시 분류를 해봅니다.
- 분류에 따라 학생들은 자신의 취미나 가치와 부합하는 모둠을 찾아 가서 새로운 모둠을 구성합니다.
- 이제 새로 구성된 모둠 안에서 다시 창의적인 카페 아이디어를 모아서 새로운 카페 창업의 날을 공개합니다. 그날이 되

면 모둠이 주최가 되어 카페를 창업하고 오픈 파티를 엽니다.

수업의 흐름

차시	과정	내용	유의 사항
1	웜업	적절한 놀이	웜업 시간은 조정할 수 있음
2	드라마	가치 경매	
3	드라마	모둠별로 문장을 만들고 타블로로 공연함 20년 후의 모습	
4	팔로우업	수업 분위기에 따라 즐거웠던 점 이야기하기 등 다양한 마무리 활동을 할 수 있음	

I | 수업 개요

제가 지도하는 방송대학교 프라임 컬리지 학생들과 오프라인 워크숍을 하다가 떠오른 아이디어입니다. 그날 수업은 학생들과 인터뷰를 하는 방식의 웜업을 진행하고 있었습니다. 그런데 한 학생이 자신을 나이 먹은 배트맨이라고 불렀습니다. 그리고 자신은 이제 늙어서 악당을 물리치기 위해 출동하는 일이 매우 부담된다고 말하면서 몹시 애통해하였습니다. 이를 보고 이 수업을 떠올렸습니다.

고담시티는 수많은 영화와 드라마, 만화로도 제작된 배트맨의 배경이 되는 도시입니다. 배트맨을 주인공으로 한 수많은 작품은 등장인물, 심지어 주인공인 배트맨조차 상당히 다양한 캐릭터로 표현합니다. 하지만 배경이 되는 고담시티만은 늘 같은 모습입니다. 한마디로 어둡고, 우울하고, 가난하고, 범죄가 기승을 부리는 디스토피아입니다. 어쩌면 배트맨 시리즈의 진짜 주인공은 배트맨이 아니라 우울한 고담시티가 아닐까요? 그래서인지 우리나라 젊은이들은 자신들의 고향을 비하할 때 그 앞에 고담이라는 글자를 붙입니다. 고담○○ 같은 식으로 말입니다.

하지만 이런 암울한 도시를 배트맨 같은 영웅적인 개인이 고칠 수는 없습니다. 도시를 탈바꿈하기 위한 공공사업이 필요합니다. 그렇다면 이것을 학생들에게 미션으로 주면 어떨까요? 고담시티를 배트맨이 가면을 벗어도 될 정도로 살기 좋은 도시로 만들어 보기 같이 말입니다. 이 과정에서 학생들은 현재 자신이 살고 있는 세상을 아름답게 바꿀 꿈과 포부를 키울 수 있지 않을까요?

2 | 수업의 실제

▌ 웜업

눈 감고 떠나는 여행

가상의 도시를 가상으로 바꾸는 프로젝트를 진행해야 하므로 학생들의 상상력을 틔워 주는 활동이 필요합니다. 이 활동 이외에도 여러 가지 다른 방법을 고안해 보시기 바랍니다.

1 두 사람이 짝을 이룹니다.
2 한 사람은 눈을 감고, 한 사람은 눈을 뜹니다.
3 이제 가상의 어떤 지역을 방문합니다. 어떤 지역을 방문할지는 눈을 감은 사람이 결정합니다. 실제로 있는 지역이라도 좋고, 현실에 존재하지 않는 세계라도 좋습니다.
4 눈을 감은 사람은 자신들이 방문한 지역의 풍경, 사람들, 현재 일어나고 있는 일 등을 이야기해 줍니다. 눈을 뜬 사람

은 머릿속으로 그 풍경을 떠올리며 궁금한 점을 질문합니다.

5 여행을 마친 후 두 사람은 종이에 방문 지역을 상상하여 그려 봅니다. 그리고 눈을 뜬 사람과 눈을 감은 사람이 서로의 그림을 비교하고 비슷한 점과 다른 점을 찾아 봅니다.

---

2 드라마 활동

여기에서는 프로젝트 수업과 전문가의 망토를 결합해 보았습니다.

도입하기

학생들에게 다음 이야기를 들려주면서 이야기 속으로 함께 들어갑니다. 교사가 읽어 주면서 가볍게 연기하여도 좋고, 인쇄물을 나누어 주고 같이 읽어도 좋습니다.

고담시티라는 도시에 배트맨이라는 영웅이 살고 있습니다. 고담시티는 문제가 많은 도시입니다. 수질오염이 심각한 수준이어서 식수는 물론 생활용수도 공급하기 어려운 상태입니다. 하늘은 매연이 자욱하여 낮에도 해가 잘 보이지 않습니다. 범죄도 기승을 부립니다. 부패한 경찰과 검찰은 돈을 받고 범죄자들을 풀어 주기 일쑤입니다. 실업률도 높아서 수많은 젊은이가 일자리를 구하지 못하고 놀다가 범죄에 발을 들입니다. 그 밖에도 이루 말할 수 없을 정도로 문제가 산적합니다. 그나마 배트맨이 흉악범들을 처단함으로써 어느 정도 범죄를 억제하고 있습니다.

그런데 배트맨이 큰 고민에 빠졌습니다. 아무리 애를 써도 도시가 자꾸만 나빠져 갈 뿐입니다. 악당을 물리쳐도 악화된 삶의 조건은 개선되지 않습니다. 무언가 다른 근본적 원인이 있기 때문입니다. 대체 어떤 문제를 해결해야 고담시티는 살기 좋은 곳이 될까요? 배트맨은 자신의 존재가치에 의심이 생겼습니다. 게다가 나이까지 들어갑니다. 악당과 싸우는 일이 점점 버거워집니다. 마침내 배트맨은 비밀기지를 폐쇄하고 은퇴하기로 결심합니다.

이제 더 이상 배트맨이 출현하지 않자 시민들은 불안에 빠졌습니다. 날마다 이 불안한 도시를 떠나는 시민들의 행렬이 줄을 잇습니다. 고담시티는 마치 죽은 자들의 도시처럼 날이 저물기 전부터 어둠의 그림자가 드리웁니다.

전문가의 망토 프로젝트

1 우선 고담시티의 사진을 보여줍니다. 고담시티 사진은 여러 영화와 만화에서 구할 수 있는데, 그중 팀 버튼 감독의 〈배트맨 2Batman Returns〉에 나온 이미지가 이 수업에 가장 잘 어울립니다. 물론 이는 개인 취향이니 적절한 장면을 찾아서 사용하면 됩니다.

2 이제 학생들에게 '망토'를 씌웁니다. 교사는 의뢰인이 되는데, 고담시티 시장의 보좌관 정도가 좋겠습니다. 학생들을 세계 최고의 도시 재건 전문가, 도시계획 전문가 등으로 부르면서 의뢰를 하면 적당합니다.

의뢰 내용: 여러분에게 고담시티 부활 프로젝트를 의뢰하고자 합니다.

이 프로젝트를 가장 훌륭하게 수행한 전문가 집단의 구성원들은 평생 고담시티의 시의원이 될 수 있으며, 그중에서 가장 기여를 많이 한 전문가에게 고담시티의 시장직을 제공하겠습니다.

3 전문가의 종류를 결정합니다. 5명 정도가 한 모둠을 이루어서 고담시티를 재건하는 데 어떤 전문가들이 필요할지 논의합니다. 그중에서 자신이 어떤 분야 전문가가 될 것인지도 결정합니다.

4 이제 모둠을 해체하고, 각 전문가 그룹으로 다시 모입니다. 각 전문가 그룹은 고담시티의 실태 조사에 들어갑니다. 조사를 마친 후 각 전문가의 입장에서 고담시티 개선안을 수립합니다.

5 전문가 간담회를 개최합니다. 각 전문가 그룹별로 고담시티가 처한 현재의 상황 속에서 어떻게 도시를 개선할지 프

레젠테이션을 합니다. 이때 전문 집단별로 서로 충돌하거나 중첩되거나 이해하기 어려운 부분이 있으면 토의와 토론을 진행합니다. 이 과정에서 다른 전문가들의 의견을 청취하고 자신의 프로젝트 내용을 수정합니다.

6　전문가 그룹을 해산하고 다시 모둠별로 모입니다. 이제 각 모둠에는 충분한 조사 내용과 계획을 겸비한 여러 분야 전문가들이 모여 있습니다. 이들이 협력하여 고담시티 르네상스 프로젝트를 완성합니다.

────── **3 팔로우업** ──────────────────

소감문 쓰기

프로젝트 수행 과정에서 느낀 점을 종이에 적습니다. 그리고 같은 모둠 구성원끼리 서로의 소감문을 돌려 보거나 낭독합니다.

배트맨 찾기

우리 주변에도 어쩌면 고담시티의 문제를 혼자 감내하는 외로운 배트맨 같은 사람이 있을 수도 있습니다. 학생들에게 다음과 같은 글을 쓰게 합니다.

1　내 근처의 배트맨은 누구인가요?

2   만약 있다면 그의 노고를 칭찬하고 감사하기 위해 편지를 써봅시다.

수업의 흐름

차시	과정	내용	유의 사항
1	웜업	눈 감고 여행 떠나기 여행지 그림 그리기	웜업 시간은 조정할 수 있음
2	드라마	고담시티의 문제 공유하기 전문가의 망토 - 고담시티 르네상스	
3			
4			
5	팔로우업	소감문 쓰기 배트맨 찾기와 편지 쓰기	

Ⅰ | 수업 개요

사춘기 어느 날 갑자기 몸의 변화를 느끼고 당황했던 기억이 있습니다. 많은 세월이 흘렀지만 그날의 기억은 가히 충격적이었습니다. 이제 부모님 얼굴을 어떻게 보나. 저는 이제 더 이상 귀여운 외동딸이 아니었습니다. 흔히 하는 말로 여성이 되어 가는 거였습니다. 귀여운 딸내미의 지위와 역할은 세상을 직면하여 헤쳐가야 하는 여성과 큰 차이가 있습니다. 그 사이에 아주 넓은 바다가 존재하는 것처럼 느껴졌습니다. 부모의 따뜻한 품에서 나와 힘겨운 파도와 싸워야 한다는 공포와 두려움이 엄습해 왔습니다.

그 이후 누구나 그러한 시절이 있듯이 부모에 대한 비판이 마음속에 자라났습니다. 그때부터 부모에 대한, 어른들에 대한 침묵의 공격과 눈을 아래로 내리까는 등 은근한 공격이 시작되었던 것 같습니다. 그리고 한동안 아주 심각하게 마음속을 일렁이게 했던 첫사랑의 기억도 있습니다. 이대로 지구 밖으로 가버릴 수 있다면 얼마나 좋을까. 어머니는 그때를 회고하십니다. "딸이지만, 참… 대하기 어려웠다."

영화 〈문라이즈 킹덤〉은 그 시절을 생각나게 만드는 아주 발칙한 영화입니다. 초등학생 또래의 귀여운 소년 소녀가 사랑을 하고 결혼을 약속하고 마치 어른인 것처럼 독립을 선언

하며 가출을 합니다. 어른들은 허둥거리며 아이도 어른도 아
닌 자녀를 놓고 당황합니다. 하지만 언젠가는 거쳐 가야 할 일
이고, 결국은 어른이 되겠죠. 어린 시절을 떠올리며 지금 그
고통과 싸우고 있는 학생들과 이 이야기를 함께해 보지 않으
시렵니까?

2 | 수업의 실제

어린 시절 놀이

어린 시절에 즐기던 놀이를 합니다. 노래를 불러도 좋고, 게임
을 해도 좋습니다. 누군가가 나와서 좋아하던 놀이를 소개해
도 좋고, 선생님이 어린 시절에 하던 놀이를 소개하여 함께해
도 좋습니다. 무엇이라도 되지만, 추억이 있는 놀이라면 더욱
좋습니다.

물건 알아맞히기 게임

1 학생들은 모두 눈을 감습니다.

2 교사는 여러 가지 질감의 물건들을 상자에 담아 둡니
다. 모양은 예쁘지만 촉감이 꺼림찍한 물건, 손으로만 만져서

는 확실하게 알 수 없는 물건들이면 좋겠습니다. 이런 물건들을 교사가 미리 다양하게 준비해 두는 것이 좋겠습니다.

3 이제 눈을 감은 채로 상자에 손을 넣고 무엇인지 알아맞혀 봅니다. 가장 많이 알아맞힌 학생에게 간단한 상품을 주는 것도 좋습니다.

4 놀이를 마친 뒤, 다음의 글상자와 같은 내용의 마무리를 해주면 좋습니다.

우리가 어떤 감각을 이용하여 지각하느냐에 따라 같은 사물이 전혀 다르게 인식될 수 있다. 아주 예쁜 소리가 나지만 흉측하게 생길 수도 있고, 향기로운 냄새가 나지만 먹으면 구토가 날 정도의 맛일 수도 있다. 그러니 한두 개의 감각만으로 섣부르게 어떤 사물을 판단하는 것은 어리석다 하겠다. 우리는 살아가면서 한두 개의 감각만으로 판단했다가 일을 그르친 경험을 가지고 있을 것이다. 사람은 어떨까? 사람은 물건이 아니라서 더욱 그러하다. 겉모양만으로는 마음을 알 수 없다. 너무 쉽게 속단하지 말자.

내가 가출을 한다면?

누구나 청소년기에는 가출 충동을 느낄 때가 있습니다. 그렇다고 가출해도 좋다는 말은 아닙니다. 하지만 이러한 충동을 겉으로 드러내어 표현하고 객관화하여 돌아보는 경험이 문제를 직면하는 데 도움이 됩니다. 이 활동은 학생들이 자신의 마음속에 들어 있는 가출 충동을 끄집어내고, 가상으로 이를 계획하는 과정을 통해 이러한 직면과 성찰을 도울 수 있습니다.

1 에피소드 보여 주기

에피소드 1. 가출의 발단

어느 날 소녀는 냉장고 위에서 책을 한 권 발견합니다. 아마도 어머니가 보는 책이고 몰래 보기 위해 냉장고 위에 올려 두신 것 같습니다. 그런데 이럴 수가, 책 제목이 《문제아를 다루는 법》이 아닙니까? 책 제목을 본 소녀는 화가 났습니다. '아니, 그럼 내가 문제아란 말이야?'라는 생각에 울컥 치밀어 올랐습니다. 소녀는 마침내 '그래? 그렇다면 진짜 문제아가 되어줄 거야.'라고 결심합니다.

에피소드 2. 가출의 충동

이제 집을 나갈 것입니다. 소녀는 생각했습니다. '좋아, 내가 문제아라면 영원히 귀찮아하지 않도록 사라져 주면 되잖아. 뭐 이 문제아 따위 없어진다고 찾기나 하겠어?' 이제 소녀는 집을 나가기 위해 짐을 싸기 시작합니다.

2 가상의 짐 싸기: 무엇을 가져갈 것인가?

학생들에게 커다란 캐리어가 그려진 종이를 나누어 줍니다. 학생들은 소녀와 같은 입장이 되어서 어떤 것들을 가지고 갈 것인지 캐리어 그림에다가 적어 봅니다. 아니면 직접 그림으로 그려도 좋습니다. 그림 옆에는 왜 짐을 싸게 되었는지 이유를 간단히 적습니다.

3 내가 집을 나가고 싶었던 때는 언제였나?

학생들에게 포스트잇을 나누어 주고 위의 질문에 대해 각자의 답을 간단히 쓰게 합니다. 학생들은 답을 쓴 포스트잇을 벽에 붙입니다. 이젤 패드 등이 있으면 이것을 사용하여도 좋습니다. 한 사람이 여러 개를 써서 붙일 수도 있습니다. 다 써서 붙였으면 교실을 마치 박물관 관람하듯 둘러보면서 어떤 이야기들이 적혀 있는지 읽어 봅니다.

인물 윤곽: 내 마음속의 가정, 그리고 부모님

1 2절지를 준비하여 모둠별로 나누어 줍니다. 가능하면 큰 종이가 좋지만 상황에 따라 적당한 사이즈의 도화지를 사용하면 됩니다.

2 도화지에 '청소년이 그리는 부모님의 모습'을 상상하여

인물 윤곽을 그려봅니다.

인물 윤곽이란 얼굴과 몸의 테두리만 있는 그림을 말합니다. 인물 윤곽의 바깥쪽에는 부모님의 외모와 직업을, 안쪽에는 부모님의 성품의 요소를 적습니다. 모둠원은 함께 이야기하면서 인물 윤곽을 채워 나가게 됩니다.

3 모둠별로 그림을 들고 나와 발표를 합니다.

전문가의 망토

학생들은 문제청소년, 위기청소년을 담당하는 각 분야의 전문가들입니다. 교사는 가출 위기에 있는 학생의 부모와 잘 아는 사람, 가령 담임교사나 친구 등의 역할을 맡습니다.

1 의뢰하기

학생들을 5-6명의 모둠으로 편성합니다.

교사는 위기청소년의 부모와 잘 아는 사람이 되어 학생들에게 전문적인 조치를 의뢰합니다. 이때 학생들에게 이 분야의 적절한 전문직의 호칭으로 불러 줌으로써 망토를 씌워 줍니다. 의뢰 내용은 지금 가출을 준비하고 있는 청소년의 여러 가지 쪽지, 메모, 준비물 등을 보여 줍니다. 앞의 활동에서 적었던 메모지, 짐 싸기 등이 증거자료로 사용될 수 있습니다.

의뢰 내용은 다음과 같이 정리할 수 있습니다.

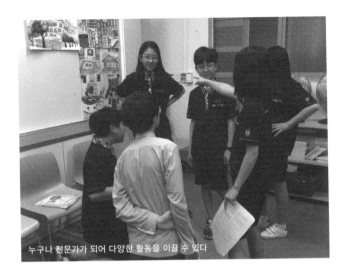

누구나 전문가가 되어 다양한 활동을 이끌 수 있다

포스트잇의 내용처럼 가출을 하고자 하는 청소년이 있습
니다. 이런 아이들이 학교와 가정, 혹은 공부에 전념하도록
마음을 바꿀 수 있는 프로그램을 만들어 주세요.

2 역할 분담하기

모둠별로 학생들은 이러한 문제 상황에서 어떤 전문가가
필요한지, 그리고 자신은 어떤 전문가 역할을 맡을 것인지 협
의하여 결정합니다. 역할이 결정되면 학생들은 모둠을 나와
각 분야 전문가 집단으로 다시 모입니다.

이후 활동 과정은 고담시티 프로젝트와 같은 방식으로 진
행합니다.

3 설득하기

학생들 중 일부를 전문가의 망토를 해제하여 가출 충동을

느끼는 청소년으로 만듭니다. 각 전문가 집단은 나름 모둠별로 정한 프로그램을 이용하여 이 청소년의 가출 충동을 제어하기 위한 조치를 실행해 봅니다. 필요하면 가족 등 주변 인물의 역할을 다른 구성원들에게 부여하여 실시할 수도 있습니다. 의자에 앉은 학생은 가출 충동을 느끼는 청소년의 입장에서 해당 프로그램에 반응합니다.

_____ **3 팔로우업** _____

소감문 쓰기

지금까지 활동의 결과를 소감문으로 작성합니다. 소감문 내용으로 다음의 항목을 제시합니다.

> 나는 이럴 때 가출 충동을 느꼈다.
> 나의 부모님과 가족이 낯설게 느껴진 순간은 언제 어떤 상황에서였는가?
> 나와 같은 경험을 하고 있는 청소년에게 격려를 해준다면?

이러한 소감을 대본으로 정리해서 작은 공연을 할 수도 있다. 대본을 다듬고 음악을 입히고 각종 장치를 마련하여 미적인 완성도를 높여서 학기말이나 학교 예술제 등에서 공연하면 좋다. **tip**

수업의 흐름

차시	과정	내용	유의 사항
1	웜업	어린 시절 놀이로 놀기 물건 알아맞히기 게임	웜업 시간은 조정할 수 있음
2 3	드라마	내가 가출을 한다면? - 에피소드 보여 주기 - 가상의 짐 싸기 - 언제 집을 나가고 싶었나? (포스트잇에 써서 벽에 붙이고 돌아보며 읽기)	차시를 더 늘일 수 있음
4		인물 윤곽 그리기(모둠 별로) 그림 발표 전문가의 망토 - 가출 위기에 있는 청소년 구하기	
5	팔로우업	소감문 작성하기 / 간단하게 이야기 나누기	

4

좀 더 복잡한 의미를
생성하는 수업

지금까지 소개한 활동들은 소설이나 시, 영화나 애니메이션처럼 이미 완성된 형태의 예술 작품을 소재로 활용했습니다. 그 소재가 되는 작품들이 이미 충분히 의미를 담고 있어서 연극 활동이 원 작품과 비교했을 때 두드러지게 확장적이거나 의미가 함축되지 않을 수도 있었습니다.

다음에 소개하는 활동들은 문학 작품이나 영화와 비교했을 때 훨씬 단순한 소재를 바탕으로 보다 복잡한 의미를 생성하는 수업입니다. 드라마 활동에 참여하는 학생들이 세 가지 층위의 경험을 하게 된다는 점에서 복잡한 의미라고 표현한 것입니다.

우선, 현재 자기 자신의 삶의 경험을 끌고 들어와 극 속에 참여하게 됩니다. 둘째, 그러한 삶의 맥락에서 드라마 속으로 들어가 다른 역할을 맡고 극적 상황에 몰입하게 됩니다. 마지막으로, 다시 역할을 벗고 극 바깥으로 나와 극 속에서 자신의 활동을 되짚어 보며 그 간극을 성찰하게 될 것입니다. 물론 이러한 과정은 단계에 따라 분절적으로 이루어지는 것이 아니라 드라마 활동에 참여하고 팔로우업을 하는 전 과정 속에서 경험하게 될 것입니다.

이러한 의미 생성이 가능한 수업을 위한 소재는 다양합니다. 간단한 전래설화가 이용될 수도 있고, 일상생활에서 우연히 마주친 어떤 상황이 이용될 수도 있습니다. 이런 작은 단서만 있어도 연극이라는 매체를 통해 생각보다 훨씬 넓고 깊은

사유를 펼칠 수 있습니다. 물론 극을 구성할 때 주제나 핵심질
문을 중심으로 그물망처럼 세심한 설계를 하여 학생들이 보
다 풍요로운 경험을 할 수 있도록 해야 합니다.

I | 수업 개요

이 수업 모형은 서울교대 김주연 선생님이 구안한 내용을 전체적으로 수정하여 다양한 주제의 수업에 응용하면서 틀이 잡혔습니다. 처음에 이 수업의 주제는 여성 문제 혹은 세대 간의 소통 부재와 갈등이었으나, 다양한 역할을 역동적으로 맡아 보며 각자의 입장에서 역지사지하여 서로에 깊이 공감할 수 있게 하는 수업으로 발전하였습니다.

이처럼 같은 드라마라도 수업을 이끄는 교사가 던지는 질문에 따라 수업의 흐름과 주제의 초점은 달라집니다. 드라마 수업으로 다루는 소재가 어떤 스토리나 기법, 플롯을 가지고 있느냐는 중요하지 않습니다. 선생님이 어떤 질문을 던지고 어떤 주제의 방향에서 함께 이야기를 나누고 싶은지가 중요합니다.

〈선녀와 나무꾼〉은 매우 잘 알려진 전래동화이기에 누구나 쉽게 접근할 수 있다는 장점이 있습니다. 이렇게 기존 이야기를 수업에 활용하는 방식을 스토리 드라마story drama라고 부르고 과정 드라마의 한 갈래로 나눕니다. 아는 이야기를 다룰 때 교사가 던지는 질문과 진행 방식이 그만큼 더 중요해지며, 또 교사가 지닌 사유의 깊이에 따라 보다 풍성하게 뻗어 갈 수 있습니다.

---
1 웜업

적절한 웜업을 합니다. 여기에는 어깨 주무르기(상대방의 어깨를 주물러 풀어 주는 안마), 상대방의 변화 알아채기(짝끼리 몸을 돌려 옷이나 장신구등에 세 가지 변화를 준 후 서로 마주 보아 알아맞히는 놀이), 새 - 둥지 - 태풍 등 무엇이든 활용 가능합니다.

웜업 활동은《수업 중에 연극하자》, 그리고 이 책의 앞부분에서 충분히 소개되었습니다. 이 수업에서는 여기에 맞춤된 웜업보다는 앞에서 소개된 것들 중에서 선택하면 되겠습니다.

---
2 드라마 활동

선생님은 스토리텔링의 귀재

이 수업에서는 교사의 역할이 매우 중요합니다. 교사는 우선 이야기를 구수하게 전개하는 사람이 되어야 합니다. 〈선녀와 나무꾼〉은 대한민국 사람이라면 누구나 다 아는 이야기니만큼 밋밋하게 이야기하면 아무런 흥미를 끌지 못합니다. 그렇다고 이야기 제시 없이 연극 수업을 할 수도 없습니다. 따라서 완전히 새로운 느낌이 나도록 어조와 몸짓 등을 활용하여 재미있고 신나게 이야기를 펼쳐야 합니다. 다음과 같은 순서로 진행해 봅니다.

1　학생들을 동그랗게 모여 앉게 합니다. 책상이 있으면 번거로우니 교실 구석으로 몰아 놓고, 의자만 둥그렇게 배치합니다. 아니면 마룻바닥에 책상이나 의자 없이 둥글게 모여 앉아도 되겠습니다.

2　선생님이 둘러앉은 학생들에게 이야기를 시작합니다. 선생님의 위치는 원의 한가운데일 수도 있고, 학생과 함께 둘러앉은 위치일 수도 있습니다. 이야기는 이미 아는 대로 나무꾼이 사슴의 생명을 구해 주자 사슴은 보은을 하고, 선녀와 나무꾼이 만나는 계기가 된다는 간단한 내용으로 시작됩니다.

3　교사는 이야기를 전개하는 과정에서 의외성을 활용해야 합니다. 가령 다음과 같은 질문이 학생들에게 의외성을 줄 수 있습니다.

"그런데 나무꾼은 혼자 살고 있었을까요?"

여기서부터 학생들은 상상을 시작합니다. 그리고 새로운 질문을 던지면서 상상의 영역을 넓혀 갑니다.

"나무꾼은 누구랑 살고 있었을까요?"
"어디서? 어떤 집에서 살았을까요? 무엇을 먹었으며, 어떤 옷을 입었고, 어떤 도구를 이용하여 나무를 하였을까요?"

사소한 일상생활에 대한 이런 질문들이 의외로 상상력을

연극 수업을 위해 둘러앉아 이야기를 만들고 있는 아이들

많이 자극합니다. 아니면 좀 더 근본적인 질문을 던져 볼 수
도 있습니다.

"이 이야기에서 누가 주인공일까요? 그 까닭은 무엇인가요?"

캐릭터 탐구와 표현

나무꾼과 선녀가 함께 살기 이전 그들은 어떤 삶을 살았을지
상상하여 표현합니다. 다음의 순서에 따라 진행해 봅시다.

1 학생들을 5명 내외의 모둠으로 편성합니다.
2 모둠별로 모인 학생들은 이야기가 시작되기 전, 등장인
물들이 어떻게 살고 있을지 서로 의견을 나눕니다.

이것은 캐릭터 구축의 기초가 되는 활동입니다. 전문 연기자들은 연극 속 인물들을 주어진 대본에만 의존하여 해석하지 않습니다. 대본 속 장면과 사건이 일어나기 이전의 시간을 상상하고 진지하게 탐구하면서 인물의 성격을 구축해 갑니다. 이 방식은 교육적으로도 매우 중요한 기여를 할 수 있습니다. 사회생활을 하면서 마주칠 사람들을 속단하거나 예단하지 않고, 그 전사와 배경을 탐구하면서 신중하게 성격을 파악하는 연습이 되기 때문입니다.

3 학생들의 모둠을 주인공, 즉 나무꾼 조, 선녀 조, 어머니 조, 사슴 조와 같이 나눕니다. 그리고 조별로 해당 주인공의 시점에서 이야기 이전의 삶을 구성해 봅니다. 나무꾼을 만나기 전의 선녀, 나무꾼과 함께 사는 늙은 어머니, 숲속에서 노닐다가 어느 날 사냥꾼에게 쫓기는 사슴의 일상적 삶의 모습이 어떠했을지 의견을 나누고 그 장면들을 구성합니다.

4 각 모둠별로 장면을 만들어서 발표합니다. 이야기 이전의 등장인물들의 모습을 타블로로 표현할 수도 있습니다. 타블로가 조금씩 움직이며 제한된 대사를 하는 이른바 '동영상'을 구현할 수도 있고, 간단한 줄거리를 가진 짤막한 상황극으로 만들 수도 있습니다. 이 기법을 활용하여 선녀, 나무꾼, 노모, 사슴이 어떤 일상을 살았을지 상상하고 표현할 수 있습니다.

질문과 함께 새로운 이야기로

1 이제 질문을 던져 봅니다. 그리고 이 질문을 통해 뻔한 이야기를 새로운 이야기로 확장해 나갑니다. 가령 다음의 질문을 던질 수 있습니다.

"네 등장인물 중 손에 굳은살이 있는 사람은 누구일까요?"

사실 이 질문은 답이 어느 정도 정해져 있습니다. 학생들 대부분이 나무꾼과 늙은 어머니라고 답할 것입니다. 선녀의 손에 굳은살이 있을 리가 없으니까요. 여기서 다음의 질문이 이어질 수 있습니다.

"이렇게 다른 그들이 한 가족으로 살게 되었습니다. 과연 어떠한 일상이 펼쳐졌을까요?"

2 이제 학생들은 모둠별로 모여서 이 질문을 두고 이야기를 나눕니다. 그리고 나무꾼, 선녀, 어머니로 이루어진 가족이 보냈을 법한 일상생활을 간단한 장면(동영상)으로 만들어서 보여줍니다.

3 이제 새로운 장면으로 넘어갑니다. 다음과 같이 새로운 상황을 제시합니다.

"이들은 너덧 해를 같이 살았습니다. 그 사이에 아이 둘이 태어났습니다. 그런데 사슴이 내건 조건은 아이를 셋 낳을 때까지 선녀에게 날개옷을 돌려주면 안 된다는 것이었습니다."

뒤를 이어서 질문합니다.

"이들은 행복했을까요?"

학생들은 이들 가족이 과연 행복했을지, 어떤 상황에서 행복을 느꼈을지 토의한 뒤 이를 간단한 장면으로 만들어 봅니다. 이때 네 모둠에게 각각 선녀, 나무꾼, 늙은 어머니, 아이들의 입장을 부여합니다. 각 모둠은 부여받은 캐릭터의 관점에서 가장 행복한 일상의 모습을 표현합니다.

　네 구성원 모두가 행복한 장면이 있을 수도 있고, 어떤 구성원은 불행하지만 다른 세 구성원이 행복한 장면이 있을 수 있습니다. 이때 선녀에게 주목할 것을 요구합니다. 그리고 질문을 던집니다.

"네 장면 모두 선녀를 주목해 주시기 바랍니다. 선녀는 행복한 삶을 살았을까요?"

우물가 아낙네들의 대화
이제 선녀를 중심으로 이야기를 꾸려 갑니다. 이때 가족 안에서의 선녀의 삶뿐 아니라 사회적 삶까지 살펴봅니다. 선녀는 마을 사람들과 어울리며 지낼 수 있었을까요? 만약 그렇지 않았다면 선녀의 삶은 어땠을까요?

이 에피소드에서는 교사가 직접 연기하면서 활동을 주도합니다. 교사는 마을의 아낙네 역할을 맡습니다. 이렇게 장면 속에서 역할을 입고 활동하는 교사를 '역할 속 교사'라고 합니다. 많은 교사들이 불안해 할 수 있는데, 사실 이 활동에서 연기력이 필요하지는 않습니다. 다만 이야기를 진행하듯이 하면 됩니다. 다음 순서에 따라 진행해 봅시다.

1 모두 원을 그리고 둘러앉습니다. 가능하면 원둘레가 넓지 않도록 하여 우물가에 아낙네들이 모여 앉은 느낌을 갖도록 합니다. 선생님이 먼저 머플러 등을 둘러 아낙네가 되었음을 표시하고 대화를 이끌어 갑니다.

대화는 "댁들은 들었나요? 나무꾼이 장가를 갔대요!" 이런 식으로 시작합니다. 그리고 나무꾼의 색시가 아주 아름답다는 둥, 색시의 얼굴 구경도 제대로 못했다는 둥, 마을 사람들과 전혀 교류 없이 사는 게 수상하다는 둥 이야기를 풀어냅니다. 학생들은 마을 아낙네가 되어 대체로 이런 분위기에서 자유로이 이야기를 펼쳐 나갑니다.

2 이 에피소드를 진행하는 도중에 교사는 학생들에게 다음과 같은 질문을 합니다.

"전래되는 이야기를 아무리 살펴보아도 선녀가 나무꾼이 살던 동네의 마을 사람들과 어떻게 지냈는지에 관한 정보가 없습니다. 선녀는 어떤 사회적 관계 속에서 살았을까요? 혹시 집안에 감금되다시피 고립되어 살지 않았을까요?"

질문 내용은 어떤 주제에 초점을 맞추느냐에 따라 달라질 수 있습니다. 가령 사회과라면 사회적 관계의 다양한 양상과 사회적 삶에 대하여 이야기하게 될 것입니다. 그 밖에도 여성의 인권 문제라든지 농촌총각의 결혼 문제 등 매우 다양한 사회문제가 화두로 등장할 것입니다.

이제 다음 상황으로 넘어가면서 학생들은 다시 이야기 속의 구체적인 인물의 역할을 입게 됩니다.

선녀와 나무꾼의 저녁 식사

1 학생들은 두 명이 한 조가 되도록 짝을 짓습니다. 그리고 두 사람은 가위바위보를 해서 이긴 사람에게 선녀와 나무꾼 중 어느 쪽을 할지 선택권을 줍니다. 이렇게 두 사람은 각각 선녀와 나무꾼의 역할을 입습니다.

2 선생님은 선녀들만 따로 불러 모읍니다. 그리고 선녀들을 교실 밖으로 데리고 나가서 이야기를 나누면서 어떤 상황에 대하여 서로 인지한 뒤 다음 미션을 진행합니다.

이 상황은 선생님이 미리 다양하게 준비해 둡니다.

예) 날개옷을 찾았다. 오늘 밤이 하늘로 올라가기로 한 날
이다. 그런데 마지막으로 정성스레 저녁상을 차려 식사를
한 후 결행하기로 한다. 식사를 하면서 이런저런 이야기를
나누는 동안 마음이 바뀔 수도 있다. 그러나 절대로 아무
런 내색을 하면 안 된다.

3 식사 후 두 줄로 마주 앉은 선녀와 나무꾼에게 질문합
니다. 먼저 나무꾼에게 저녁 식사가 어땠는지 묻습니다. 선녀
에게는 마음이 바뀌어 땅에 남을 사람이 있는지 묻습니다. 땅
에 남을 사람과 하늘로 올라가기로 한 사람 모두에게 이유를
묻습니다.

선택의 순간 그리고 10년 뒤

1 이야기 원작에 충실하다면 선녀는 아이 둘을 데리고 하
늘로 올라갔을 것입니다. 그러고 나서 약 10년의 세월이 흘렀
습니다. 이제 아이들은 사춘기가 되었습니다. 어떤 일이 일어
날까요? 하늘나라에서 일어날 수 있는 아이들의 상황을 각
모둠별로 만들어서 타블로나 동영상으로 보여줍니다. 이때
교사는 아이들이나 선녀에게 상황을 바꿀 대안을 제시하는
등 토론연극 기법을 활용할 수 있습니다.

예) 하늘로 올라간 선녀의 아이들이 사춘기가 되었습니다.

엄마에게 반항을 합니다. 엄마(선녀)와 아이들이 마주 앉아 대화를 합니다.

아이들의 캐릭터는 중2에서 고1 사이의 사춘기로 반항적이고 불만이 많은 청소년이며 하늘나라 학교에서 자신들은 다문화 아이들에 속하고, 왕따를 당하는 신세라고 한탄하며 선녀를 공격합니다.

선녀는 어찌되었든 아이들의 반항과 땅으로 내려가겠다는 선언에 달래야 하는 캐릭터입니다.

양편이 마주 앉아 대화를 나눕니다. 릴레이 방식으로 한 쌍씩 순서대로 대화합니다.

2 땅에 남겨진 나무꾼은 어떤 삶을 살았을까요?

나무꾼은 다시 어머니와 둘이만 남았습니다. 나무꾼은 하늘만 쳐다보았다고 전해집니다. 그 모습을 본 어머니는 어떤 심정이었을까요? 역시 학생들은 모둠별로 땅에 남은 나무꾼과 어머니 이야기를 타블로나 동영상으로 만들어 발표합니다. 역시 토론연극 기법을 활용할 수 있습니다.

예) 노모와 아들은 두 줄로 마주 앉습니다. 어머니는 아들에게 선녀를 포기하고 그만 새장가를 들어 살라고 합니다. 아들은 그럴 수 없다고 합니다.

소감 말하기

둘러앉아 소감을 이야기합니다.

수업의 흐름

차시	과정	내용	유의 사항
1	웜업	짝놀이 외	웜업 시간은 조정할 수 있음
2	드라마	스토리텔링 캐릭터 탐구와 표현하기 질문과 함께 새 이야기로 행복한 장면 표현하기 우물가 아낙네들의 대화 저녁 식사	
3	드라마	10년 후 땅에서는	
	팔로우업	소감 나누기	

3 | 확장

———————— ▌ 또 다른 결말 만들어 보기 ————————

〈선녀와 나무꾼〉의 결말은 다양합니다. 나무꾼이 두레박을 타고 올라갔다는 이야기도 있고, 어머니를 만나기 위해 다시 땅으로 내려왔다는 이야기도 있으며, 다시 내려왔다가 영영 되돌아가지 못했다는 이야기도 있습니다. 무엇이 진짜인지는 크게 중요하지 않습니다. 전래되는 이야기의 면면은 인간의 삶을 다루고 있으며, 세태와 사람들의 희망을 담아내기도 하고, 내면의 상처를 이야기 방식으로 한탄하는 것이기도 하기 때문입니다. 그렇다면 우리 시대에 〈선녀와 나무꾼〉은 어떤 이야기로 결말을 맺을까요? 그건 선생님과 학생들의 몫입니다. 다만 교사는 처음에 이야기를 시작하기 전 설정해 둔 핵심질문의 교육적 의미를 확인하면서 교육 목표에 잔잔하게 이르도록 대화를 나누어야 합니다.

1 학생들은 모둠별로 상의하여 도화지나 A4 용지에 아이들을 데리고 선녀가 하늘나라로 올라간 다음의 이야기를 써 봅니다. 앞에서 말한 원래 이야기의 세 가지 결말 외에 대안적인 결말을 최대한 창의적으로 꾸며 봅니다.
2 새로운 결말을 타블로 등의 방식으로 발표합니다.
주제 혹은 핵심질문을 무엇으로 하였는가에 따라 마무리 방식은 조금씩 다를 수 있습니다.

인권이 주제인 경우
이 이야기에서 인권을 가장 많이 침해받고 있는 한 사람을 정하여 그 이유를 글로 씁니다. 그리고 이 글을 돌아가면서 같이 읽어 봅니다.

네 명의 캐릭터 가운데 누가 인권 침해를 가장 많이 받고 있는지 손을 들게 합니다. 이것을 기준으로 선녀 조, 나무꾼 조, 아이들 조, 어머니 조로 모입니다. 그리고 모둠별로 이야기를 나눈 후 그 내용을 정리하여 큰 종이에 써서 들고 나와 다른 사람들에게 보여 주며 발표합니다.

공감과 소통이 주제인 경우

이 이야기에서 가장 공감이 가는 인물을 정하여 그를 격려하는 내용의 편지를 쓰고 돌아가며 발표합니다.

그 밖의 주제인 경우

그 밖에도 주제가 무엇인가에 따라 다양한 마무리 활동이 가능합니다. 또 앞의 활동을 진행하는 가운데 주제가 바뀌거나 새로운 주제가 등장하기도 합니다. 교사는 이러한 변화를 민감하게 기억하고 있다가 마무리 활동에 반영해야 합니다.

이를테면 이야기의 결말 바꾸기, 혹은 적절한 부분에서 끝내기를 한다면 어느 장면에서 이야기를 마무리할 것인가, 등과 같이 새로운 미션을 주고 극을 만들거나 마무리할 수 있습니다.

수업의 흐름

차시	과정	내용	유의 사항
1	웜업	새 – 둥지 – 태풍 외	웜업 시간은 조정할 수 있음
2	드라마	스토리텔링 캐릭터 표현 질문과 새로운 이야기 행복한 순간 우물가 아낙네들의 이야기 저녁 식사	
3	드라마	10년 후 땅에서는 이후 이어진 결말은?	
4	드라마	모둠별로 새로운 결말을 만들어 공연함	
5	팔로우업	새로운 결말의 이유를 주제에 따라 관련된 질문을 던지고 모둠별로 이야기 나누게 한 후 전체가 모여 소감 말하기	

Ⅰ | 수업 개요

여름 방학이 지나고 다시 만난 학생들과 천천히 몸을 풀며 기나긴 여름 동안의 이야기를 나누고 싶었습니다. 재미있는 상상을 하며 한 편의 이야기를 연극으로 만들어 보여 주는 동안 학생들은 방학이 되어 헤어져 있던 동안의 서먹함을 잊고 다시 친근해집니다.

다양한 아이스브레이크 방법이 있지만 이러한 추억 나누기는 짧은 시간 동안 지나온 이야기를 공유함으로써 서로의 마음을 이해하는 방법으로 권합니다. 지난 시간이 힘들었을 수도 있고, 좋은 추억으로 아름다웠을 수도 있겠지요. 그 이야기를 나누는 동안 한 사람을 그의 삶 속 내러티브와 함께 기억해 주는 기회를 마련할 수 있습니다.

2 | 수업의 실제

──────────────── 🕐 **웜업** ─────

잘해 봅시다 – 2인 댄스

2인 댄스는 2인이 한 짝을 이루어 추는 춤을 말합니다.

두 사람이 짝을 지어 박수치기 놀이를 하고 있음.

　1　2인이 짝을 이루어 둥그런 원을 만듭니다. 둘 중 한 사람이 원 중심을 향해 등을 지게 되면서 바깥쪽 원과 안쪽 원, 이렇게 원 두 개가 만들어집니다.

　2　춤을 추기 전에 먼저 박수를 배웁니다.

　박수 치기 전 짝끼리 손을 잡고 게다리춤을 추며 "잘해 봅시다, 잘해 봅시다."를 두 번 소리 내어 말합니다.

　3　그러고 나서 짝과 아침(혹은 점심)에 뭘 먹었는지를 이야기합니다.

　4　짝 중 안쪽에 있는 사람이 왼쪽 방향으로 두 칸 이동하여 짝을 바꿉니다.

　5　새로운 짝과 인사를 하며 손을 잡고 "잘해 봅시다, 잘해 봅시다."와 게다리춤을 춥니다.

　6　새로운 짝과 멋쟁이(박수 이름은 그때그때 구성원에 따라 달

라짐) 박수를 배웁니다. 박수는 8박자로 자기 무릎 두 번 자기 손뼉 두 번, 다시 자기 손뼉 한 번, 그리고 짝과 마주치고, 다시 자기 손뼉 치고, 다시 짝과 마주 손뼉 치는 박수입니다.

2인 1조 인터뷰

반드시 들어가야 할 인터뷰 내용은 다음과 같습니다.

1) 어떤 옷을 입었을 때 기분이 좋은가?/나쁜가?

2) 어디에 있을 때 기분이 좋은가/나쁜가?

다양한 걸음걸이

"나이가 들었다. 이제 막 걸음마를 시작했다. 하이힐을 신었다. 부츠를 신었다. 슬리퍼를 신었다. 새 구두를 신었다. 수레를 끌고 있다. 무거운 바구니를 옮기고 있다. 앞에 무서운 개가 있다."

"이런 곳에서는 어떻게 걸을까? 진흙, 자갈밭, 빙판, 논, 얕은 개울물, 낙엽."

─────────── ♩ 드라마 활동 ───────────

움직이는 바다(이것이 본 활동과 관련된 웜업의 기능을 할 수 있습니다.)

1 학생들은 빈 공간에 서서 교사의 내레이션에 따라 움직

입니다. 학생들 모둠이 서로 다른 바다이며 그 바다의 색깔, 느낌을 선생님의 내레이션에 따라 자연스럽게 자신의 몸을 움직이면서 느껴 봅니다. 눈을 살짝 감고 움직임에 집중할 수 있으면 더욱 좋습니다.

(내레이션의 예) "여러분은 모두 바다입니다. 각자 눈을 감고 상상하는 바다를 느껴 보세요. 눈을 감은 채 모둠별로 움직입니다. 서서히 천천히 움직이도록 해야 서로 부딪히지 않습니다. 이제 파도가 되어 보겠습니다. 물결이 일고 모래사장에 닿았습니다. 여러분의 파도는 작은가요? 큰가요? 이제 모두가 거대한 파도가 되어 함께 만나 보겠습니다."

2 마지막으로 모두가 하나의 파도가 되어 만났습니다. 함께 커다란 파도가 되어 그대로 멈추는 타블로로 표현합니다.

tip 이때 교사는 전체가 표현한 타블로를 휴대폰 사진으로 남겨두어도 좋다.

추억 나누기 – 바닷가 이야기

1 모둠별로 둘러앉아 지난여름 해변의 추억이나 인상을 이야기합니다. 좋았거나 나빴던 경험 어느 것이라도 좋습니다.

2 모둠별로 이야기에 제목을 짓고 간단히 즉흥극을 만들어 봅니다.

3 각 모둠이 준비한 즉흥극을 다른 모둠 앞에서 가볍게 상연합니다.

극적 상황 제시하기

1 학생들은 모둠별로 바닷가의 한 마을에 살고 있다고 상황을 설정합니다. 바닷가 마을 사람으로서 어떤 일을 하며 살아가는지 역할을 정하고 서로 나누어 맡는 등 의논을 합니다.

2 바닷가 마을의 일상생활을 한 컷의 정지장면(타블로)으로 보여줍니다.

3 바닷가 마을의 축제를 정하여 정지장면이나 동영상으로 보여줍니다.

4 "여러분이 사는 바닷가 어느 작은 마을에서 사건이 일어났습니다."

무슨 일이 일어났을까요?

아래의 예시 가운데 하나를 선정합니다.

(밀항자 등장, 시체가 떠밀려 옴/ 오랫동안 사라졌던 인물인 김갑동 씨가 돌아옴)

5 선정된 사건으로 인해 마을 사람들의 일상생활에 어떤 변화가 일어났을까요?

실종된 인물의 귀환을 소재로 이야기를 만든다면 관련된 인물들을 설정하고 오래 전의 에피소드를 만들게 합니다. 그리고 현재의 시점에서 다음의 활동을 할 수 있습니다.

6 모둠별로 의논하여 스토리카드를 작성합니다.

7 카드를 배열하여 자신들의 생활에 어떤 변화가 일어났

는지 이야기를 만듭니다.

8 짧게 즉흥극을 만들어 공연합니다.

9 그들의 10년 후를 상상하여 한 컷의 정지장면(타블로)을 만들고 보여 줍니다.

---

3 팔로우업

소감 나누기

바닷가 마을 이야기를 만들면서 느낀 점을 이야기합니다. 아니면 사건의 마무리와 미래의 삶에 대하여 원하는 느낌의 사진을 마지막 정지장면으로 요청한 후 이야기 나누기를 할 수 있습니다.

빙 둘러앉아 이야기를 나누는 팔로우업은 가장 자주 사용되는 마무리 방식입니다. 이때 이야기를 그냥 나눌 수도 있고, 포스트잇에 익명으로 메시지를 쓴 후 칠판에 부착하여 돌아가며 다른 사람의 메시지를 읽어 준 후 둘러앉아 이야기할 수도 있습니다. 전자의 경우 소감을 길게 나눌 수 있고, 후자의 경우는 메시지 읽는 시간을 고려해 조금 짧게 진행할 수도 있습니다. 어느 경우이든 둘러앉아 이야기 나누기로 마무리하면 서로의 생각을 알고 마음을 위로하며, 편견이 깨질 수 있습니다.

만약 시간이 부족하다면, '3초 피드백'으로 정하여 간단하게 소감을 말하고 "하나 둘 셋" 구령과 함께 한 컷으로 마음을 표현하는 방식을 취할 수도 있습니다.

수업의 흐름

차시	과정	내용	유의 사항
1	웜업	잘해 봅시다 & 2인 댄스 2인 1조 인터뷰 다양한 걸음걸이	웜업 시간은 조정할 수 있음
2	드라마	움직이는 바다 추억의 바닷가 이야기 후 즉흥극 공연 극적 상황 – 살아 보기(모두 바닷가 사람들) – 그들의 일상 정지장면	
3	드라마	사건 발생(사라졌던 인물의 귀환이라면?) 변화된 일상 10년 후 정지장면	
4	팔로우업	소감 나누기	

3 | 확장

─────────────── ◀ 바닷가 이야기 변형 수업의 예시 ───────────────

좀 더 복잡한 의미의 생성을 위하여 새로이 구성합니다.

이 드라마에서는 사람들의 삶의 총체성과 낯선 사람이 나와 관련자인 경우 그를 어떻게 받아들일지 심층적으로 탐색해 봅니다.

흐름	내용	의미
에피소드 1 설정	서해안의 어느 바닷가 마을이다. 학생들 모두는 이 마을에 살고 있다. 교사는 전체에게 김갑동이 마을로 돌아오려 한다고 발표한다. 그가 어떻게 변했는지 사람들은 정확하게 알지 못한다. 다만 그는 어떤 이유로 교도소에 다녀왔다. 왜 그가 돌아오려는 것일까? 그리고 마을 사람들은 스스로를 지키기 위해서 무엇을 해야 할까? 여기에는 10년 전 김갑동이 떠날 때 각자 어떤 일을 했는지 의문이 숨겨져 있다. 모든 참가자는 김갑동이 10년 전 교도소에 간 데 조금씩은 연루되어 있다.	
에피소드 2 마을 이야기 만들기	1) 마을 사람들(학생들)에게 종이를 한 장씩 나누어 주고 10년 전 일어난 일과 김갑동에 대해 한 문장으로 표현하도록 한다. 2) 모두 둘러앉아 적은 문장을 개연성 있게 발표한다. 3) 모둠으로 나눔 – 모둠별로 전체가 발표한 문장 가운데 가장 궁금한 질문을 찾아내어 과거 이야기를 극으로 표현한다. 4) 김갑동의 어린 시절을 타블로로 표현한다. (composition: 가볍게 서로를 탐색하는 단계. 이러한 이미지들을 다른 참여자와 공유하면서 이 드라마를 잘 진행하겠다고 다짐하기도 한다. 모든 참여자는 대충이나마 그들만이 김갑동과 관련된 역사를 가지게 된다.)	
에피소드 3 인물 재창조	5) 즉흥적인 만남 – 참가자들은 모둠별로 모두 다른 마을에서 온 외부인들이다. 김갑동이 나타날 것 같은 장소 네 군데를 정한다. 네 그룹으로 나누어 만나 이야기를 나누며 탐색하는 가운데 그들이 누구이며, 누가 김갑동인지 추리해 본다. 이 활동 중에 한 그룹의 누군가가 김갑동으로 재창조되고, 이로 인해 김갑동이 돌아왔다는 것이 사실로 드러날 수 있다.	

에피소드 4 역할 속 교사	6) 교사는 두 명의 외부인에게 접근하되 지나가는 행인처럼 (노인 또는 경찰 등) 연기한다. 외부인 중 김갑동으로 의심 가는 사람에게 직업이 무엇인지 물어본다. "뭐하는 사람입니까?"	
에피소드 5	7) 둘씩 짝을 짓는다. 한 사람은 김갑동의 어린 시절 절친한 친 구가 된다. 다른 한 사람은 그냥 그를 잘 알거나 무서워하는 사 람이 된다. 그리고 그의 귀환이 가지는 의미에 대해 이야기를 나눈다. 그의 귀환은 이후 어떤 영향을 미칠까?	
에피소드 6 변형 아이의 존재	8) 마을 사람들에게 김갑동의 아이를 키우는 사람이 있음을 알리고, 누가 그 역할을 맡을지 선택하도록 한다. (김갑동의 아이 와 아내를 보호하는 마을 사람이다.) 그 아들은 김갑동이 떠난 뒤에 태어났다. 그 후 아내 순희는 무슨 일을 하고 살았을까? 아내의 삶에 관한 사진 한 컷(타블로) - 짝을 지어 친구와 걱정을 하는 역할놀이를 통해 낯선 사람이 김갑동인지 아닌지를 판단하는 활동보다 안전하게 상호작용 할 수 있게 한다. 상호작용에서 주는 친숙함은 불안한 참여자 들에게 자신이 연극 속 인물이 되고 있다는 느낌을 줄 것이다. - 그 후에 드라마에 대한 책임은 둘이서 주고받은 내용을 들은 그 두 사람 사이에서 엇바뀐다.	아이를 키 우는 아내 의 역할을 탐구할 필 요가 있음
에피소드 7 어색한 대화	8) 둘씩 짝을 지어 한 사람은 김갑동, 나머지 한 사람은 그의 아들이 된다. 둘이 대화를 나눈다. 아들은 아버지가 죽었다고 생각하고 있으므로 단지 낯선 사람 이라고 생각한다.	
에피소드 8 포럼시어터	9) 두 명의 자원자를 뽑아 한 사람은 엄마, 한 사람은 아이 역 할을 맡아 아이가 아빠를 만났다고 이야기를 전하는 장면을 연기한다.	

에피소드 9 음악적 표현과 추상적 질문	10) 세 개의 큰 집단으로 나누어 김갑동, 순희, 아들 각자의 소리와 움직임으로 밤에 꾼 꿈을 창조한다. 이때 음악적 제스처의 표현을 하도록 한다. 교사는 "누구에게 무엇을 누가 말해야 할지, 그것에 대해 누군가가 어떻게 느낄지" 등의 일반적인 질문이 아닌 추상적 장면을 상상할 수 있는 질문을 선택해서, 학생들이 허구의 주제를 상상하며 동작을 끌고 나가는 힘을 갖도록 한다. 학생들이 원해 자신의 모습으로 돌아올 때에도 이런 주제에 대한 충격을 여전히 수반할 것이다.	음악을 준비하고 조명을 어둡게 함
에피소드 10 즉흥	11) 학생들을 모두 3인 1모둠을 만들어, 세 명의 가족이 식사하는 장면을 즉흥으로 연기한다. (관객 없이 모두 완전히 즉흥적으로 함.)	
에피소드 11	12) 3명의 지원자를 받아 다시 보여 준다. 인물 간의 긴장이 더욱 심화되고 내면의 소리가 더해진다. 장면은 폭력의 위험으로 끝이 나고 인물들은 고립되어 갇힌다. (이 단계를 생략하고 아들 역할, 엄마 역할, 김갑동 역할 중 한 사람만 대표로 나오게 한 후 인터뷰 형식으로 소감을 물을 수도 있다.)	
에피소드 12	13) 결국 이들은 어떻게 될까? 모둠별로 이들의 관계가 어떻게 되었으면 좋을지 장면을 이야기 나눈 후 타블로로 표현한다.	희망하는 마음을 표정에 담도록 요청함
팔로우업	학생들의 어깨에 손을 올려 마음속 이야기를 대사나 단어로 꺼내게 한다. 이렇게 내면의 소리를 말하면서 이야기의 물꼬를 트고, 관객으로서 장면을 보며 무엇을 느꼈는지를 이야기한다.	다양한 입장에서 이야기를 나눌 수 있음

ㅣㅣ 수업 개요

주위를 돌아보면 어느덧 우리 사회가 여러 나라에서 온 다양한 문화권 사람들과 함께 살아가는 사회로 바뀌었음을 알 수 있습니다. 여행객도 많지만 곳곳에서 일하는 사람들도 많습니다. 그런데 '외국인 노동자'라는 말을 들으면 베트남, 필리핀 등 동남아시아 지역에서 오는 사람들을 우선 떠올립니다. 미국에서 온 야구선수, 영국에서 온 은행원도 따지고 보면 다 외국인 노동자인데 말입니다. 아무래도 자기 나라의 벌이가 신통치 않아서 다른 나라에까지 와서 돈을 벌어야 하는 개발도상국 출신에 대한 선입견이 강하게 자리 잡은 모양입니다.

사실 우리나라도 한 세대 전만 해도 더 나은 기회를 찾아 많이들 다른 나라로 나갔습니다. 독일로 일본으로 미국으로. 조금이라도 나은 삶을 위해 살던 터전을 뒤로하고 떠나온 사람들이라는 점에서 그분들은 한국에 있는 외국인 노동자와 다를 바 없었습니다. 타국에서 겪은 설움과 외로움 역시 마찬가지였습니다. 그런데 혹시 우리나라에 살고 있는 그들 또한 그런 설움과 외로움을 겪고 있지 않을까요? 개구리 올챙잇적 생각 못한다고, 우리가 한 세대 전 미국인, 일본인, 독일인처럼 동남아시아 등지에서 온 외국인 노동자들에게 똑같은 짓을 하고 있지는 않나요?

다시 생각해 보면 세계 어느 곳에서나 고국을 떠나온 많은 사람들이 타자가 되어 살아가고 있습니다. 그들은 각각 이주한 곳의 현지인 입장에서 보면 타자이지만 다시 되돌아보면 그 현지인도 다른 나라의 외국인 노동자라는 면에서는 타자가 됩니다. 그런 의미에서 세상의 모든 외국인 노동자는 같습니다. 학생들과 함께 이러한 사회 문제로 영상을 만들어 함께 수업한 적이 있습니다. 얼마나 잘 만들었던지 함께 영상을 보는 동안 코끝이 시큰했던 기억이 납니다. 이제 교육연극 수업을 통해 세상의 곳곳에서 고향을 떠나 일자리를 찾는 사람들의 이야기를 나누어 봅시다.

2 | 수업의 실제

▮ 웜업

노래 부르기

이 수업에서는 특별한 웜업 활동이 필요하지 않습니다. 몸과 마음을 좀 풀어 주는 활동이면 뭐든지 쓸 수 있습니다. 노래를 부르며 손뼉을 치는 정도면 됩니다. 노래로는 〈나는 기쁘다〉가 좋겠습니다(유튜브를 검색하면 다양한 나라의 언어로 불리는 이 노래를 찾을 수 있습니다). 손뼉은 노래에 맞추어 적절하게 짝끼리 쳐도 좋고, 혼자서 무릎을 치고 움직여도 좋습니다.

이 수업은 전체적으로 전문가의 망토 방식으로 이루어집니다. 학생들은 탐정사무소의 직원들이 되고, 교사는 사건 조사를 부탁하는 의뢰자가 됩니다.

사건 발생

1 학생들을 5명 내외의 모둠으로 편성합니다. 각 모둠은 나름의 이름을 가진 탐정사무소입니다.

2 학생들은 각 탐정사무소별로 이 노동자의 죽음과 관련된 내용을 조사해 나갈 것입니다. 일단 각 사무소별로 나름의 이야기를 만들어 봅니다.

한 이주노동자가 자신이 일하던 냉동 저장창고에 갇혀 얼어 죽은 처참한 사건이 발생하였다. 그는 **** 나라 출신으로 가난을 벗어나기 위해 고국에 가족을 남겨둔 채 홀로 와서 3년간 고생하며 일해 왔는데, 끝내 이런 참변을 겪고 말았다. 하지만 이 노동자에 대한 정보나 단서가 전혀 없어서 경찰과 법무부 출입국관리소 모두 어려움을 겪고 있다. 그는 대체 누구이며, 어떻게 살아왔으며, 그가 죽음을 맞이한 날에는 어떤 사연이 있는 것일까?

관계를 조사하라

다음과 같은 추가 정보를 각 탐정사무소에 제공합니다.

이웃을 탐문조사하다 나온 정보다. 죽은 사람에게 애인이 있었다고 한다. 또 피해자의 방을 조사하니 거기에는 구겨진 종이에 '미안해.'라는 메시지가 바닥에 떨어져 있었다. 또 벽에는 예쁜 십자수가 새겨진 액자가 있었으며 이니셜 I S가 있었다고 한다. 이 액자의 주인은 누구일까? 애인이 준 것일까? 그렇다면 죽은 이의 애인은 어디에 있는 것일까?

1 탐정들은 이 여인과 관련된 이야기를 단서를 바탕으로 구성해 봅니다.
2 이 여인과 피해자의 관계를 간단한 상황극으로 발표합니다.

그의 이름은?

또 다른 추가 정보를 각 탐정사무소에 제공합니다.

가장 큰 문제는 그의 이름을 알 수 없다는 점이다. 아마 불법체류자인 모양이다. 회사에 등록된 이름도 출입국기록을 뒤져 보니 가짜였다. 다만 여러 신체 조건으로 미루어 백인이나 흑인은 아닌 것 같고, 아시아에서 왔음에 틀림없

다고 한다. 그런데 이웃들에게 물어보니 이름을 아는 사람
이 없었고, 그저 코리언이라고 불렸다고 한다.

여기서 학생들은 큰 반전을 경험하게 됩니다. 대부분의 학
생들은 이 외국인 노동자가 동남아시아 노동자로 한국에서
일을 하다가 변을 당했다고 짐작했을 것이기 때문입니다. 하
지만 알고 보니 이 사건이 발생한 곳은 한국이 아니었습니다.
이 사건은 미국에서 일어난 사건이었던 것입니다.

1 이제 학생들은 지금까지 구성한 이야기를 원점으로 돌
립니다.
2 모둠원은 다시 토의를 시작하여 새로운 상황에 맞춰 새
로운 이야기를 구성합니다.

그가 찾아간 사람은?
탐정들에게 또다시 새로운 단서가 들어옵니다.

한인 민박집 주인의 진술에 따르면 그저 코리언이라고 불리
던 희생자가 자주 만나던 고향선배가 있다고 한다. 희생자
는 사고가 난 바로 그날 그 선배를 만나러 간다고 집을 나
갔다고 한다. 민박집 주인으로부터 선배의 주소와 이름을
받아 왔다. 선배의 이름은 무하마드이다.

여기서 또다시 반전이 일어납니다. 피해자는 한국인처럼 여겨져 왔는데, 고향선배 이름이 무하마드라면 대체 어느 나라에서 온 사람일까요? 학생들은 모둠별로 다음과 같은 질문을 던지고 적절한 이야기를 구상한 뒤 5분 안팎의 상황극으로 만들어서 발표합니다.

1 피해자가 한국인이라면 어째서 무하마드라는 선배가 고향선배라는 것일까요? (혹시 한국인이 아니라 한국에서 다시 미국으로 건너온 무슬림계 외국인일까요? 아니면 무슬림 지역에 살던 한국계였을까요? 대체 왜 미국까지 오게 되었을까요?)

2 그는 왜 무하마드를 찾아갔을까요? 무하마드와 어떤 이야기를 나누고자 했을까요? 둘 사이에 어떤 일이 있었을까요?

유서 완성하기
다음과 같은 내용을 알리고 의뢰를 합니다.

그가 남긴 유품 가운데 편지 한 통이 있다. 피해자는 한국에서 자신을 기다릴 것으로 추정되는 아버지에게 "자동차 없이는 다닐 수 없는 이 거대한 나라"에 대해서 편지를 쓰고 있었다. 그리고 "직원들이 함께 소풍을 갔고… 김밥이라는 음식과 김치를…"이라는 대목도 보인다. 대체 이 편지는 어디서 쓴 것일까? 미국일까 한국일까?

1 미국에서 쓴 것처럼 보이는 편지에 다시 한국에서 볼 수 있는 회사 풍경이 나오고 있습니다. 어떻게 된 일일까요? 이를 설명할 수 있는 상황을 간단하게 만들어서 보여줍니다.

2 이 편지를 마무리하지 못하고 희생자는 왜 회사에 나갔을까요? 어쩌다가 차가운 냉동창고에서 죽음을 맞이하게 되었을까요? 이 상황도 간단하게 상황극으로 만들어서 보여줍니다.

3 가상의 편지를 완성합니다.

에필로그: 헛된 기다림

주인공이 냉동창고 안에서 죽어가고 있을 때, 데이트 약속을 한 인선은 놀이공원 앞에서 그를 기다리고 있었다고 합니다. 그 장면을 다 같이 형상화합니다.

1 학생들 중 인선의 역할을 뽑습니다. 다른 학생은 모두 코러스입니다.

2 인선이 초조하게 주인공을 기다립니다. 물론 죽어 가는 주인공은 오지 않습니다. 이때 코러스는 노래 〈나는 기쁘다〉를 부릅니다. 이 노래는 여러 나라 언어로 어린이들이 잘 부르는 익숙한 멜로디입니다. 그런데 이 언어가 역설적으로 죽음과 절망의 노래가 되는 과정과 함께한다면 어떨까요? 이 노래를 단조 음계로 불러 보면 가사와 정반대의 정서를 불러일으

켜 연극의 분위기를 조성할 수도 있습니다.

---

3 팔로우업

소감 나누기

이 수업은 정서적인 울림이 큰 수업입니다. 팔로우업으로 특
별한 활동을 하기보다는 차분하게 소감을 이야기로 나누어
보고 드라마 활동 후의 소감을 조용히 글로 정리하는 시간을
가져 보는 것이 좋습니다. 또 지역에 따라서는 다문화 학생이
나 외국인 노동자들에 대한 편견에 관하여 이야기를 나눌 수
있습니다. 사회 시간이라면 문화상대주의와 연관시켜 다른
수업으로 확장할 수 있습니다.

희생자에게 편지 쓰기

희생자의 이름을 지어 줍니다. 희생자에게 편지를 써서 위로
해 줍니다.

수업의 흐름

차시	과정	내용	유의 사항
1	웜업	〈나는 기쁘다〉 노래와 율동	웜업 시간은 조정할 수 있음
	드라마	전문가의 망토 - 탐정사무소 사건 개요 소개 모둠별로 탐정사무소가 되어 사건 개요를 듣고 나름의 이야기를 구성하여 극 발표하기 추가정보 - 발견된 메시지와 관련된 이야기 구성 후 즉흥극 발표하기	
2	드라마	그의 이름은? 새로운 이야기를 구성하여 즉흥극 발표하기 그가 찾아간 사람은? 무하마드와의 이야기 구성 후 즉흥극 발표하기	
3		가상의 편지 완성 후 상황극 만들어 공연하기 헛된 기다림 코러스 〈나는 기쁘다〉	
4	팔로우업	소감 나누기 글로 정리하기	

〈아우를 위하여〉
불안한 청소년기를 지혜롭게 보내기

I | 수업 개요

'노깡'이 무엇인지 아시나요? 어린이들이나 청소년들에게는 낯선 말이겠지만 전후 세대나 부모님 세대까지만 해도 그것의 실체를 떠올릴 수 있을 겁니다.

소설 〈아우를 위하여〉의 화자인 수남이는 어린 시절 노깡 속에 들어갔다가 사람 뼈를 손에 쥐고 놀란 기억 탓에 오랜 시간 악몽에 시달립니다. 무언가 잡아 끌어당기는 느낌의 압박감과 벗어나기 어려운 고통이 주인공을 괴롭힙니다. 그러나 노깡 속의 공포는 실체를 알고 보면 그리 놀랄 만한 일은 아닙니다. 예측하기 어렵거나 실체의 모습을 정확하게 알 수 없다면 우리는 어떤 공격을 받을지 모르기 때문에 대비할 수 없습니다. 막연하게 두려워하는 것이지요. 그러나 그 실체를 알고 나면 분명하게 대응할 수 있고, 그로써 미지의 공포에서 벗어날 수 있습니다.

소설 〈아우를 위하여〉를 드라마로 만들고자 한 의도는 학생들과 함께 이야기의 물꼬를 트기 위해서였습니다. 특히 중학교에 갓 입학한 청소년들과 그들이 느끼는 미지의 공포가 어떤 실체를 지녔는지 이야기 나누고, 중학교 생활 혹은 청소년기에 입문하는 그들에게 조금 더 용기를 주고 싶었습니다. 앞에 놓인 산은 오르는 사람의 용기에 따라 크기가 달라진다는 사실을 알려 주고 싶었던 거지요. 그리고 그 공포를 이겨 내도록 힘을 주는 것은 실체를 알아내려는 지적인 노력, 그리고 우정 혹은 사랑의 힘과 같은 정서적 지지임을 말하고 싶었습니다. 더 나아가 만약 곁에 있는 사람이 그 공포로부터 벗어나지 못해 고통을 당할 때 힘을 다해 돕지 않는 행동은 부끄러운 일임을 스스로 깨닫게 하고 싶었습니다.

2 | 수업의 실제

───────────────────── ▌웜업 ─────

4박자 아이앰 그라운드 후라이팬 놀이
어릴 때 즐겨 먹던 간식 이름으로 4박자 아이앰 그라운드 후라이팬 놀이를 합니다.

후라이팬 놀이는 유튜브에도 소개된 유명한 놀이입니다.

1 구령은 '팅팅팅팅팅/ 탱탱탱탱탱/후라이팬놀이'입니다.

2 모둠을 나누어 간식 이름으로 팀 이름을 정하고 리더를 정합니다.

3 시작하면 구령을 먼저 합창하고 교사가 선창합니다. 돌아가며 놀이를 합니다.

소설 읽기

1 소설 〈아우를 위하여〉를 돌아가며 소리 내어 읽습니다.

2 각자 공책에 '나의 노깡은 무엇인가?'를 주제로 글을 적습니다(노깡은 글 속에 나오는 장소로 두려움과 공포를 상징합니다).

인상적인 장면 4개 타블로로 표현하기

앞서 놀이를 했던 모둠별로 소설에서 가장 인상적인 장면 4개를 골라 타블로(정지장면)로 표현하는 연습을 한 후 모두의 앞에서 공연합니다. 연습 시간은 수업 시간의 여유에 따라 적절하게 부여합니다.

핫시팅 적용하기

필요한 경우는 핫시팅을 할 수도 있습니다. 4개의 장면 공연후, 각 모둠의 발표 속에서 등장한 인물 가운데 만나서 이야기를 들어보고 싶은 사람을 뽑아 의자에 앉힙니다. 모두의 앞에 앉은 역할을 입은 사람에게 당시의 심정을 들어봅니다.

1 모둠별로 수남이가 부끄러웠던 이유에 대하여 이야기 나눕니다.

2 모둠별로 수남이가 부끄러웠던 이유가 되는 사건 하나

알록달록한 천으로 의상을 만들어 공연하는 모습

를 골라 이야기를 구성하고 간단하게 공연을 준비합니다.

3 음악이나 노래를 주제곡으로 정하여 사용해도 좋습니다. 유행하는 가요의 가사를 개사해서 주제곡으로 사용해도 됩니다.

4 발표(공연)를 합니다.

---

3 팔로우업 ───

소감 말하기 & 익명으로 편지 써서 읽어 주기

팔로우업 방식은 아래에 소개한 것 중 상황과 분위기, 주어진 시간의 길이에 따라 적절히 활용하면 됩니다.

1 둥그렇게 앉아서 소감을 말합니다.

2 어떤 한 인물에게 익명의 편지를 써서 읽어 줍니다.

3 한 인물에게 주고 싶은 선물을 그림으로 그린 후 이유를 말합니다.

수남이가 부끄러웠던 까닭을 소설의 이야기 속에서 찾아 연극 공연을 만들고 발표하는 방식을 소개하였는데, 역사 속 이야기나 아니면 현재 우리 주변의 상황으로 바꾸어 이야기를 꾸미고 발표해도 좋다.

3 | 확장

아우를 위하여 – 드라마적 딜레마 – 종이쪽지를 돌릴 것인가 말 것인가? 정의와 사랑 – 그의 편에 설 것인가?

흐름	내용	의미
에피소드 1 설정	모둠별로 첫사랑 이야기 나누기 사람이든 사물이나 가축 혹은 기타 자신이 매우 좋아했던 것들에 관해 이야기를 나눈다. 언제부터? 어떤 이유로? 그래서 지금은?	
에피소드 2 마을 이야기 만들기	어느 마을에 매우 지루한 사람들이 살고 있다. 누구나 시키는 것만 겨우 할 뿐 아무도 스스로 무언가를 계획하거나 즐거운 일을 만들지 못한다. – 마을 이름 짓기(전체) – 모둠별로 이 사람들의 일상을 타블로로 보여 준다.	

에피소드 3 인물 창조	이 마을에 새로운 사람이 이사를 온다. 이름은 솔찬해 씨. 이 사람이 이사 오고 나서 새로운 변화가 생긴다. 이 사람은 늘 재 있는 계획을 세워 사람들과 교류하기를 좋아하며 마을 사람들은 이 사람 덕분에 조금씩 긍정적인 변화를 보인다. – 어떤 변화가 생겼을지 모둠별로 타블로로 보여준다.
에피소드 4 역할속 교사	교사는 기자가 되어 이 마을을 취재한다. 사람들은 마을회관에 모여서 기자의 인터뷰에 응한다. 솔찬해 씨는 마침 이날 가족행사 때문에 고향에 가고 없다. 마을 사람들의 인터뷰를 들어본다.
에피소드 5 수상한 소문	그런데 솔찬해 씨가 고향에서 돌아오기 전 사람들 사이에서는 이상한 소문이 돈다. 솔찬해 씨가 수상하다는 것이다. 이 마을로 이사 오기 전 살던 마을에서 마을 공금을 횡령한 혐의로 조사받던 도중에 이사를 왔다는 것이다. 둘씩 짝을 짓는다. 한 사람은 솔찬해 씨와 절친인 이 마을 사람 난믿어 씨. 그리고 다른 사람은 수상한 소문을 믿는 다른 마을 사람 일의심 씨. 두 사람은 이 마을에서 솔찬해 씨가 존재하는 이유에 대하여 이야기를 나눈다.
에피소드 6	교사는 이야기를 나눈 후 집단을 둘로 나눈다. 솔찬해 씨가 수상하다는 것에 찬성하여 이사를 가기 원하는 사람 측과 솔찬해 씨가 이사 온 후 우리 마을에 긍정적인 변화가 일어 좋아하는 사람으로 나눈다. 두 팀으로 나누어 솔찬해 씨가 없는 마을에 대하여 각 팀의 입장대로 이야기를 나누고 이후의 상황을 즉흥극으로 만든다. 공연한다.
에피소드 7	사실이 전해진다. 솔찬해 씨는 수상하다. 솔찬해 씨는 전혀 수상하지 않다. 둘 중 무엇이 진실일까? 진실을 알아내기 위해 마을 사람들은 대책회의를 연다. 방법을 고안하여 제시한다.

에피소드 8 포럼시어터	솔찬해 씨 역을 자원한 사람과 다른 사람들이 앞서 솔찬해 씨 의 진실을 알아내기 위한 공연을 한다. 관객이 Stop / Play!를 외치면서 관객배우로 극에 참여하고, 따라서 극은 새로운 상황을 띠게 된다. 교사는 조커의 역할을 맡아 공연과 관객 참여를 이끌어 간다.	
에피소드 9 음악적 표현과 추상적 질문	마을 사람들의 마음 공연하기 모두 다 같이 일어나 어두운 공간을 걷는다. 음악이 흐르고 사 람의 마음에 관하여 생각하며 걷는다. 내가 솔찬해 씨라면 어 떤 마음일지.	음악을 준 비하고 조 명을 어둡 게 한다.
에피소드 10 즉흥	진실이 밝혀진다. 솔찬해 씨의 공금 횡령 사건은 무고로 밝혀지는데, 다른 사람 이 공금을 횡령하고 솔찬해 씨에게 덮어씌운 것이다.	
에피소드 11	솔찬해 씨에게 사과하기	
에피소드 12	솔찬해 씨 역을 맡았던 사람의 핫시팅 그를 변호했던 사람들이 함께 이야기 나누기	
팔로우업	이후 이들이 함께 살기 위해 어떤 노력을 해야 할까? 정의와 사랑의 갈림길에서 우리는 무엇으로 판단하는가?	

수업의 흐름

차시	흐름	내용	유의 사항
1	웜업	4박자 후라이팬 놀이 (모둠 활동)	웜업 시간은 조정할 수 있음
2	드라마	소설 소리 내어 읽기 '나에게 노깡이란?' 주제로 글쓰기 모둠 – 소설 속 4개의 장면 타블로로 표현하기 음악을 넣어 좀더 극적인 장면을 연출함	
3	드라마	핫시팅 – 극중 인물과 만나기	
4	팔로우업	익명의 편지를 써서 읽어주기	

5

내면 성찰, 진로교육, 인성교육을 위한 수업

교육연극을 활용한 수업을 진행하다 보면 학생들이 눈물을 흘리는 경우가 간혹 있습니다. 연극적 상황에서는 자기 자신과 직면하고 자신의 내면을 성찰하게 되는데, 그때에 평소에 꺼내지 못했던 말들, 마음 아팠던 과거의 기억들을 자연스럽게 내놓을 수 있기 때문입니다. 그런 부정적인 기억뿐 아니라 가장 순수한 마음으로 자신을 만나거나, 평소에 미처 생각하지 못했던 가족의 소중함, 주위 사람들에 대한 고마움 등을 느끼면서 눈물을 흘리기도 합니다.

5장에서는 바로 자신의 내면을 성찰하고 자신과 대면하는 활동을 주로 배치해 보았습니다. 이 활동들을 통해 학생들은 평소에 느꼈던 다양한 감정의 주소, 자신의 삶을 바라보는 태도와 미래에 대한 비전을 생생하게 알아보게 될 것입니다.

요즘 인성교육이나 진로교육이 학교에 많이 요구됩니다. 하지만 교육과정과 별도로 이루어지는 인성교육 혹은 진로교육 프로그램은 큰 효과가 없고, 대개 1회성 행사로 끝나기 마련입니다. 오히려 늘 만나는 교사와 함께하는 수업 중의 연극 프로그램이 훨씬 효과적입니다. 그리고 인성과 진로는 특정한 정서, 직업, 적성을 만드는 것이 아닙니다. 학생들이 각자 자신의 특성을 직면하고 삶을 대하는 태도를 잡아나가는 과정 속에서 만들어지는 것입니다. 이건 결국 자신과 타인을 소중하게 여기는 마음입니다.

환상카페: 내 장점을 내놓을게
자신의 장점을 파악하라

Ⅰ | 수업 개요

대학원생들과 수업을 하면서 느끼는 점은 성인인 이들도 중학생 못지않게 많은 불안과 두려움을 갖고 있다는 겁니다. 성인이지만 어릴 적부터 스스로를 칭찬해 보지 않았고, 다른 사람들의 시선에 따라 움직여 왔다는 거죠. 앞으로 무슨 일이 일어날지 기대 반 두려움 반으로 청년기에 뒤늦은 사춘기를 살고 있었습니다. 그래서 수업시간이 끝날 때쯤 늘 자기에게 칭찬하기라는 미션을 부여하고 한 가지씩 말하게 했습니다. 그 효과는 나날이 밝아지는 표정으로 알 수 있었습니다. 그리고 자신이 지닌 장점을 재산으로 세상에 없는 일을 만들어 내는 창업의 시간을 가졌습니다.

이때 그냥 창업이 아니라 모둠별로 능력들을 내놓아 새로운 창업의 기회를 만들어 보기로 했고, 이를 위해 서로의 장점들을 투자하여 카페를 차려 보기로 했습니다. 장점으로 이루어진 카페는 어떤 모습일까요?

물론 카페니까 커피 등 차를 마실 수 있는 곳이겠지요. 그런데 카페는 차를 마시기 외에도 이야기를 나누거나 독서를 하거나 또 다른 일을 도모하기 위해 시간을 사용하는 공간이라는 의미가 있습니다. 요즘은 다른 특징을 결합한 카페들이 많아진 것 같아요. 북 카페는 좀 더 일반적인 것 같고요. 옷을 팔거나 액세서리를 파는 카페도 많아졌습니다. 아니면 타로나 사주, 별점을 보는 카페는 차를 마시는 것이 오히려 곁다리가 된 듯합니다. 그런데 친구들의 장점을 모아 카페를 만들면 어떨까요?

이야기를 재미있게 하는 사람, 정보를 많이 가진 사람, 혹은 다양한 솜씨들을 나누어 줄 수 있는 사람이 모인다면 요일마다 시간을 정해서 작은 커뮤니티를 만들 수 있을 거예요. 요즘 마을공동체를 만드는 이야기가 심심치 않게 나오는데, 그런 관점에서 카페를 만들어 보는 건 어떨까 하는 생각이 들었습니다.

학생들에게 작은 공동체를 스스로 꾸려 보게 한다는 의미에서 '환상 카페'를 기획하는 수업을 마련했습니다. 그리고 교육연극과 결합하여 그 카페에서 일어나는 일들을 연극으로 꾸미면서 한 번 살아 보도록 하는 겁니다. 어때요? 괜찮겠지요? 사실상 장점 가운데는 나누어 주어도 사라지지 않는 것이 있습니다. 그러나 그것의 총량이 있고, 지불하면 줄어든다고 여긴다면 재미있는 상상을 할 수 있을 겁니다. 다행히도 우리가 가진 인품은 사용 여부와 상관없이 그 장점을 발휘할수록 점점 풍성해지니 안심하고 연극놀이를 하기 바랍니다.

좋아하거나 잘하는 것 적고 발표하기

각자 공책에 좋아하거나 잘하는 것을 적은 뒤에 발표합니다.
인원이 적다면 전체 앞에서 발표할 수도 있고 15명이 넘어간
다면 모둠을 먼저 구성한 다음, 모둠 안에서 발표할 수도 있습
니다. 다음과 같은 내용을 공책에 적습니다.

❶ 내가 잘하는 것
❷ 내가 좋아하는 것
❸ 내가 원하는 삶의 모습
❹ 내가 살고 싶은 지역 – 도시(대도시, 중소도시), 산촌, 어촌, 농촌 기타

모둠 구성하기

모둠 구성 단계에서부터 토의합니다. 임의의 모둠을 구성하
는 대신 학생들이 모둠 구성의 원칙을 토의하여 결정합니다.
좋아하는 것들, 원하는 삶의 모습, 살고 싶은 지역 중 어느 것
을 기준으로 삼아서 모둠을 구성할지 결정합니다. 이 기준에
따라 모둠의 모습은 상당히 달라질 수 있습니다.

카페 청사진 그리기

모둠별로 모여서 청사진을 그리고 2절지 종이에 카페의 디자인을 스케치합니다. 색종이나 다른 채색도구를 이용하여 그림을 그려도 좋고, 입체적으로 만들어도 좋습니다.

메뉴 결정하기

특색 있는 카페의 메뉴와 프로그램을 만들어 봅니다. 아이디어를 모으고 역할을 분담합니다. 카페 오픈 이벤트, 일주년 기념행사, 주중 이벤트, 프로그램의 장점 홍보, 멤버들의 역할 바꾸기 등 운영에 관한 여러 가지 상황을 상상하여 대책을 수립하고 이를 기록하여 이야기를 만듭니다.

　다만 이 카페는 돈을 받는 곳이 아닙니다. 이 카페에서 메뉴를 구입하여 먹거나 마시려면 자신의 장점을 돈 대신 지불해야 합니다. 카페 주인은 손님에게 주문을 받으면 손님이 가진 장점 중 원하는 것을 값으로 제시하는데, 메뉴는 손님이 그 장점을 내어 주고라도 구입할 수 있을 만큼 매혹적이라야 하겠죠.

　손님은 돈 대신에 웜업 활동에서 작성했던 네 가지 유형의 좋은 것들을 가지고 있습니다. 이것들을 적절히 지불하여 메뉴에 있는 것들을 구입해야 합니다.

카페 오픈하기

모둠별로 순서를 정하여 카페 오픈 날의 상황을 즉흥극으로 보여 줍니다. 예를 들어 A모둠이 카페를 오픈하면 B모둠이 손님 역할을 합니다. 순서는 적절하게 변경해도 상관없습니다.

1 카페를 오픈한 날의 즉흥극을 한 후 손님 역할을 맡았던 모둠은 오픈한 카페에서 어떤 점을 느꼈는지 소감을 말하고, 무엇이 개선되면 좋겠는지를 제안합니다.

2 카페를 오픈한 해당 모둠의 구성원들은 상상과 실제에서 어떤 것이 다르고, 무엇이 힘들었는지 이야기합니다.

3 전체적으로 다시 회의를 하고 계획안을 수정합니다.

수정된 계획안을 발표하고 향후 어떤 것에 초점을 맞추어 개선할지 이야기를 나누어 봅니다.

모든 영업이 종료되면 각 카페는 메뉴를 팔고 벌어들인 좋은 것들을 모아 봅니다. 그리고 이것을 모둠원의 회의를 통해 분배합니다.

───────────────── **3 팔로우업** ─────────

1 모둠을 해산하고 개인으로 돌아갑니다.

2 모든 활동이 끝난 뒤 최종적으로 수중에 들어온 것들의 목록을 작성하고, 처음 작성했던 목록과 무엇이 나가고 무

엇이 들어왔는지 비교해 봅니다.

3 바뀐 목록에 만족하는지, 아쉬운 점은 무엇인지 등 이야기를 나누는 시간을 갖습니다.

수업의 흐름

차시	과정	내용	유의 사항
1	웜업	각자 공책에 좋아하거나 잘하는 것을 적은 후 발표하기	웜업 시간은 조정할 수 있음
2	드라마	모둠 구성 후 카페 청사진 그리기 메뉴 결정하기 카페 오픈 후 즉흥극 만들기	
3	드라마	회의 후 계획안 수정하기 수정된 계획안 발표하기 카페 영업 후 수입 분배하기	
4	팔로우업	개인 활동 수입과 지출을 비교하기 지출로 나간 것과 수입으로 벌어들인 것의 목록을 보고 만족하는 점, 아쉬운 점에 관해 이야기 나누기	

불행이 어떤 힘도 쓸 수 없는 곳
행복과 불행의 경험 나누기

┃┃ 수업 개요

행복에 관한 책을 읽다가 문득 이런 생각이 떠올랐습니다. '행
복은 대체 어떤 상태를 말하는 것인가? 그리고 불행은 대체
무엇을 말하는 것일까? 행복과 불행이 마치 극단적인 반대의
방향을 말하고 있는 것처럼 여겨지는데 정말 그런 상태를 의
미하는 것일까? 아니면 불행은 단지 행복의 결여일까? 행복
한 상태는 언제나 지속될 수 있는 성질의 것일까? 아니면 잠
깐 동안 우리 곁에 머물다 가는 바람 같은 것일까? 불행도 마
냥 지속되는 것이 아니라 한 순간의 고통이 절정에 달한 상황
이라면 행복이나 불행은 보통의 정서에 잠깐씩 날아왔다 사
라지는 향기나 눈물이 아닐까?'

그 생각의 기억을 떠올리며 이 프로그램을 만들었습니다.
우리는 평소 살아가면서 행복과 불행에 대해 별로 생각하지
않으니까요.

▌워밍업

타블로

1 학생들을 5명 내외의 모둠으로 편성합니다.

2 모둠별로 모여서 행복했던 순간, 또는 불행했던 순간에 대해 이야기를 나눈 뒤 이를 바탕으로 타블로를 구상합니다.

3 모둠별로 타블로를 보여 줍니다.

말풍선과 앞으로 한마디

● 말풍선 놀이는 인물의 마음속 대사를 대신 이야기해 주는 방식을 말합니다. 다른 모둠의 학생이 자원하여 나가 타블로 속의 인물 중 한 사람의 마음속, 내면의 소리를 대신 말해 주는 것입니다. 여러 명이 여러 사람의 대사를 차례로 말할 수 있습니다. 주로 타블로 속 인물 가운데 흥미로운 인물을 골라 말풍선을 해줍니다.

● 앞으로 한마디는 말풍선 기법과 달리 정지장면, 즉 타블로를 표현하는 사람들이 관객 앞으로 나와 이 상황에 대한 속마음이나 현재의 기분과 감정을 독백을 하는 배우처럼 말하고 다시 타블로 속으로 들어가는 기법입니다.

주제 부여하기: "불행이 어떤 힘도 쓸 수 없는 곳은 어디일까?"

1 6인 1조로 모둠을 구성합니다.

2 모둠별로 주어진 주제와 관련하여 자신의 생각을 말하고 어떤 상황을 표현할 것인지 이야기를 만듭니다.

3 모둠별로 만든 이야기를 타블로, 말풍선, 독백 등의 드라마 관습을 활용하여 표현합니다.

4 준비된 이야기를 공연합니다.

토론연극과 핫시팅 활용하기

토론연극을 결합하여 다음과 같이 확장 가능합니다.

● 모두의 의견을 물어 되돌려 보고 싶은 모둠의 공연을 다시 상연합니다(플래시백).

● 해당 장면의 등장인물을 관객 중 한 사람이 교체하여 자신이 원하는 방향으로 바꿀 수 있습니다.

● 핫시팅 기법을 활용하여 극중 인물을 소환하고 그와 대화 나누기를 시도할 수 있습니다.

행복과 불행의 경험 나누기

행복과 불행의 경험은 사람들마다 다릅니다. 그 까닭이 무엇인지 서로 느낀 점을 이야기 나누면서 탐구해 봅니다.

마지막으로 한마디씩 정리하여 이야기를 나눈 후, 자신의 생각을 공책에 글로 정리합니다.

나의 불행에게 글쓰기

불행한 상황을 직면하기 위해 필요한 것은 용기입니다. 희망은 '용기만큼 큰 산' 위에 있습니다. 용기가 클수록 불행을 직면하고 수용한 후 이겨 내고 다음을 향해 앞으로 발을 내디디며, 하늘을 쳐다볼 수 있습니다.

수업의 흐름

차시	과정	내용	유의 사항
1	웜업	타블로 말풍선	웜업 시간은 조정할 수 있음
2	드라마	주제 부여하기 이야기를 나눈 후 정지장면, 말풍선과 독백으로 이루어진 공연을 함	
3	드라마	토론연극 결합 플래시백 핫시팅	
4	팔로우업	행복과 불행의 경험 이야기 나누기 자신의 생각을 공책에 정리하기 나의 불행에게 글쓰기	

사랑 노래는 아름답지만 슬프다
우리가 바라는 사랑, 우리가 바라는 일상의 삶

Ⅰ | 수업 개요

어느 날 시를 읽다가 문득 든 생각입니다. 사랑은 기쁘고도 슬프다. 사랑이 찾아들면 사람들은 기쁨을 얻게 됩니다. 그런데 이윽고 슬픔이 뒤이어 찾아들면 그 사랑은 곧 슬픔의 교향시가 됩니다. 그러나 슬픔이라도 아름다운 사랑이 있고, 그 슬픔이 아픔인 사랑도 있습니다. 바로 신경림 시인의 〈가난한 사랑노래〉가 그것을 보여 줍니다.

이 시를 읽노라면 그림이 그려집니다. 주인공의 마음이 그대로 전해져서 가슴이 메어옵니다. 시를 읽으면서 이렇게 드라마가 펼쳐지는 것은 그 시를 교감할 수 있는 사회적 언어를 우리가 익히고 있기 때문입니다. 사랑과 가난이 공존하지 못한다면 가난을 이유로 사랑의 권리를 잃은 사람은 무슨 힘으로 세상을 살아가야 할지 궁금해집니다.

시를 읽는 것만으로는 더욱 깊은 공감에 이르기에 부족함이 있습니다. 살아 보아야 합니다. 가슴 아픈 사랑이 가난에 의해 자리를 내어 주고 뒤에서 울음을 터뜨릴 때 어떤 심정일지, 시어의 정서를 자신의 이야기로 느끼기 위해서는 앉아서 글을 읽으며 상상하기보다 몸과 말로 표현하는 것이 필요합니다. 유사한 정서를 공감하기 위해 음악을 들으며 몸을 서서히 움직이면서 표현해 보도록 합니다.

후렴 코러스 연습하기

적당한 노래를 골라 후렴으로 코러스 연습을 합니다.

예를 들어 '산토끼'라면,

"산토끼 토끼야 어디를 가느냐

깡충깡충 뛰면서 어디를 가느냐"

에서 코러스로 "어디를 가느냐"를 선택합니다.

이 노래로 간단한 장면 세 개를 만들어 상연하는 동안 코러스를 담당하는 사람들은 "어디를 가느냐"를 반복해서 외쳐 주거나 음을 넣어 반복해서 합창으로 불러줍니다.

모둠별로 '사랑'을 소재로 한 노래를 골라 코러스 놀이를 하며 연습하는 방식도 효과적이고 주제 관련성도 있어서 좋습니다. 사랑을 소재로 한 노래는 차고 넘치니까 학생들이 좋아하는 최신가요로 연습하면 더 즐겁게 시작할 수 있을 것입니다.

나아가 사랑의 기쁨을 노래한 것, 사랑의 슬픔을 노래한 것을 나누어 볼 수도 있습니다.

시 읽기

먼저 시 〈가난한 사랑노래〉를 읽습니다. 누군가가 대표로 낭독해도 되고, 전체가 다 같이 낭독해도 좋습니다.

가난한 사랑노래 ___ 신경림

가난하다고 해서 외로움을 모르겠는가

너와 헤어져 돌아오는

눈 쌓인 골목길에 새파랗게 달빛이 쏟아지는데.

가난하다고 해서 두려움이 없겠는가

두 점을 치는 소리

방범대원의 호각소리 메밀묵 사려 소리에

눈을 뜨면 멀리 육중한 기계 굴러가는 소리.

(이하 생략)

이야기 만들어서 공연하기

1 먼저 모둠을 구성합니다. 대체로 5-6명 정도가 한 모둠으로 활동하는 것이 좋습니다.

2 먼저 모둠별로 이야기를 나누어서 이 시의 주인공을 설정합니다. 어떤 사람일까요? 나이는? 하는 일은? 남자일까 여자일까?

3　인물 윤곽이 그려진 도화지를 학생들에게 나누어 줍니다. 혹은 백지를 나누어 주면 거기에 인물 윤곽을 그리게 합니다. 앞에서 나눈 이야기를 바탕으로 인물 윤곽 그리기를 시작합니다. 먼저 주인공의 외면을 그려 보고, 다음에 내면을 그립니다.

4　사건과 배경, 주변 인물을 결정합니다. 어떤 일이 있었던 것일까요? 그리고 여기는 어디이며, 언제, 어느 시대일까요? 이 시에서 들어주기를 기대하는 사람은 누구일까요?

5　이상의 내용을 바탕으로 5분 정도의 상황극을 만들어서 모둠별로 발표합니다.

6　이 시의 주인공이 처한 문제는 무엇일까요? 모둠별로 토론해 봅니다. 그리고 해결책을 새로이 연극의 형태로 만들어서 보여 줍니다.

후속 이야기 만들기

1　10년 뒤에 주인공은 어떤 모습으로 살아갈까요? 모둠별로 이야기를 나누어 봅니다.

2　10년 뒤 주인공이 살던 사회는 어떤 모습으로 변화되었을지, 주인공의 삶은 어떻게 바뀌었을지 이야기해 봅니다.

3　이를 바탕으로 10년 뒤 이 시의 주인공에게 있음 직한 이야기나 상황을 5분 정도의 연극으로 만들어서 모둠별로 발표합니다.

이어지는 이야기를 즉흥적으로 공연하는 장면

3 팔로우업

단문 쓰고 발표하기

1 이 시의 주인공이 바라는 세상이 어떠한지 10줄 정도의 글로 씁니다.

2 모둠원끼리 돌려보고 이야기를 나누어 봅니다.

3 이야기를 모아서 모둠 의견으로 종합한 뒤 발표합니다.

자유토론

'우리가 바라는 사랑', 혹은 '우리가 바라는 일상의 삶'이라는 주제를 두고 자유로운 토론을 실시합니다.

수업의 흐름

차시	과정	내용	유의 사항
1	웜업	후렴 코러스 노래 부르기 사랑 노래 메들리, 사랑 노래 코러스 놀이로 발전시키기 사랑 노래 분류 등	웜업 시간은 조정할 수 있음
2	드라마	웜업 시 나누어진 모둠, 혹은 새 모둠으로 이야기를 나누고 주인공의 인물을 설정함 인물 윤곽 사건, 배경, 주변 인물 결정하기 상황극 만들어 연습하기 발표하기	
3	드라마	주인공이 처한 문제에 관하여 토론하기 주인공의 문제에 대한 해결책을 연극으로 구성하여 발표하기 후속 이야기 만들기 – 10년 후 어떤 모습으로 살아갈까? 사회와 개인의 삶의 변화를 이야기로 꾸며 공연하기	
4	팔로우업	주인공이 바라는 세상에 관하여 단문 쓰기 모둠원끼리 돌려보고 이야기 나누기 모둠의 의견을 모아 발표하기	

선택의 기로
나의 선택은 어떤 결과를 가져올까?

사례
18

▌│ 수업 개요

이 수업 역시 김유정의 소설 〈금 따는 콩밭〉을 모티브로 만들었습니다. 앞에서 소개한 수업이 토지의 소유와 관련한 사회 정의 문제를 중심으로 했다면, 이 수업은 '금광'이 있을지도 모른다는 허황된 생각에 초점을 맞추었습니다. 생각보다 많은 사람들이 살아가면서 뭔가 '한 방'을 바랍니다. 지금도 로또니 스포츠토토니 하는 것들이 이런 '한 방'을 노리는 사람들의 주머니를 털어 갑니다.

옛날이야기에도 우연히 귀인을 만나 과거에 급제하거나 벼슬에 등용되는 한 방에 인생역전한 이야기들이 흔히 나오곤 합니다. 우리나라에서는 왠지 조금씩 삶을 개선하면서 나아가는 방식이 인기가 없습니다. 하지만 세상은 그런 식으로 좋아지거든요. 김유정의 소설에서도 바로 이 점을 이야기하고 싶었을지도 모르겠습니다.

텔레파시 박수

학생들이 서로간의 협동심을 기르고 호흡을 맞추는 준비 과
정입니다.

1 학생들을 두 명씩 짝을 지은 뒤 마주 보고 서게 합니다.
마주 본 상태에서 말을 하지 말고 혼자 박수 한 번, 이어서 짝
과 함께 박수 한 번을 칩니다. 이후 순서대로 혼자 박수 두 번,
짝과 함께 두 번, 혼자 박수 세 번, 짝과 박수 세 번… 이런 식
으로 열 번까지 틀리지 않고 박수를 혼자 치고 짝과 치고 하
면서 늘려 나갑니다.

2 만약 틀리면 박수 한 번부터 다시 합니다. 박수 숫자가
늘어날 때마다, 반복되는 횟수가 늘어날 때마다 점점 속도를
올리면 긴장감이 배가될 수 있습니다.

3 이제 세 명이 삼각 형태로 서서 함께 박수를 칩니다. 방
법은 두 명이 칠 때와 동일합니다. 안 틀리고 열 번까지 제일
빨리 끝난 팀이 승리하는 것으로 하고, 제일 늦게 끝난 팀은
소정의 벌칙을 받습니다.

실내 술래잡기

순발력과 민첩함이 요구되며, 짧은 시간에 강력한 웜업 효과를 볼 수 있는 활동입니다.

1 학생들을 둘이나 세 모둠으로 편성합니다.

2 각 모둠의 대표 학생이 술래가 됩니다.

3 술래는 눈을 감고, 다른 사람들은 적절한 곳에 숨습니다. 술래가 돌아다니면서 숨은 학생을 찾아서 터치하는데, 같은 모둠의 학생들은 자기 팀장이 다른 모둠 학생들을 터치할 수 있도록 소리로 도와줍니다. 같은 모둠의 학생을 터치하면 무효입니다.

4 일정 시간 동안 가장 많은 학생들이 술래에게 잡히지 않고 살아남은 팀이 승리합니다.

2 드라마 활동 - 김유정의 〈금 따는 콩밭〉

복권 증정 게임

이제 본 활동의 주제로 들어서 봅시다. 살아가면서 누구나 한 번쯤은 요행을 바랍니다. 복권 1등에 당첨되는 꿈을 꿀 때는 잠시나마 행복할 수도 있지만, 그러한 행운이 찾아올 확률은 아주 미미합니다. 허황된 꿈이 물거품이 되고 난 뒤의 기분은 더없이 허무합니다. 이런 욕심을 내려놓으면 삶이 한결 더 행복해질 것입니다. 이것을 간단한 놀이로 느껴 보도록 합니다.

1 학생들을 4개 정도의 모둠으로 편성합니다. 모둠별로 모여서 만약 복권(당첨금 10억)에 당첨되면 가장 먼저 무엇을 할지 서로 생각을 나눈 뒤 모둠별로 하나를 선택합니다.

2 조그마한 통에 탁구공 던져 넣기 게임을 로또 대신 실시합니다. 모둠별로 멤버를 차례차례 바꾸어 가면서 모든 모둠원이 한 번씩 던질 때까지 실시합니다. 성공한 모둠에게는 아직 긁지 않은 복권(모형)을 증정합니다. 당연히 복권 중에는 꽝이 포함되어 있습니다.

소설 텍스트 읽기
김유정의 〈금 따는 콩밭〉 텍스트를 읽습니다. 앞에서 소개한 수업을 했을 경우에는 이 과정을 생략해도 됩니다.

소설 내용을 연극으로 표현하기
1 학생들을 모둠별로 모이게 합니다.

2 소설의 내용 중 가장 대표적이고 인상적인 세 장면을 선택합니다.

3 선택한 세 장면을 타블로로 만들어서 모둠별로 발표하고 비교합니다.

선택의 순간

소설의 내용 중 주인공 영식의 선택의 순간으로 되돌아가 봅니다. 콩밭을 뒤집고 한번 금이 나올지 모험을 걸어 볼까요, 아니면 콩이라도 부쳐 먹는 쪽을 선택할까요?

1 학생들은 모둠별로 모여서 자신이라면 어떤 선택을 할지 이유와 함께 발표한 뒤, 모둠의 입장을 결정합니다.

2 이제 콩밭을 뒤집기로 선택한 팀(약칭 뒤집자 팀)과 뒤집지 않기로 선택한 팀(약칭 말자 팀)으로 나눕니다.

3 선택 후의 삶을 소재로 두 팀이 각각 5분 정도의 상황극을 세 편 만듭니다. 이 세 편은 선택 5년 후, 10년 후, 20년 후의 상황을 예상하여 보는 것입니다. 어느 쪽 팀이 해피엔딩이고 어느 쪽 팀이 새드 엔딩일지는 아무도 알 수 없습니다.

4 필요하면 원래 연기하던 배우 대신 관객 중 정지(혹은 스톱)을 외친 사람이 연극 속으로 들어가서 자신이 생각하는 방식으로 대사와 연기를 해 보임으로써 새로운 해결 방식을 제시할 수도 있습니다.

5 두 팀이 상상한 5년, 10년, 20년 후의 상황극을 토론연극의 방식으로 진행하다 보면 주제에서 제기하는 문제에 대하여 예측 가능한 해결의 관점을 서로 만들어 갈 수 있게 됩니다. 혹은 뚜렷한 해결의 방법까지는 제시하기 어렵더라도 다양한 생각과 의견을 반영하면서 생각의 확산이 가능할 겁니다.

─────────────────────────── **3 팔로우업** ───────────────────────────

토론: 어떤 선택이 더 나았을까?

1 뒤집자 팀과 말자 팀이 서로 마주 보는 토론 대형으로
앉습니다.

2 콩밭을 뒤집는 경우와 그렇지 않은 경우 어떤 결과가
더 바람직한지 서로 근거를 대면서 토론을 진행합니다. 교사
는 이때 토론을 원활하게 진행하는 역할을 담당합니다.

3 토론을 마친 뒤 팀을 해체하고 학생들은 출석번호 순서
혹은 원래 수업 중 지정좌석으로 흩어져 앉습니다. 그리고 자
신이 이 문제에 대해 원래 가지고 있었던 생각은 무엇이고, 이
활동을 하면서 어떻게 달라졌는지 종이에 적어 봅니다.

소감문 쓰기: 나라면 어떨까?

소설의 상황뿐 아니라 실제 자신의 삶을 돌아보면서 황당해
보이는 한 방을 노렸던 경험이 있는지와 그 결과가 어떠했는
지 적어 봅니다. 그리고 한 방을 노렸든, 작은 것을 얻기 위해
일상의 삶에 가치를 두었든 그것을 선택한 주체로서 결과를
담담하게 받아들일 수 있는지 자신의 생각을 적어 봅니다.

수업의 흐름

차시	흐름	내용	유의 사항
1	웜업	텔레파시 박수 실내 술래잡기	웜업 시간은 조정할 수 있음
2	드라마	복권 증정 - 4개의 모둠 로또 놀이로 복권 증정 소설 텍스트 읽기 인상적인 세 장면 골라 타블로로 발표	
3	드라마	선택의 순간 두 팀으로 나누어 연극 만들기 공연하기 - 공연 시 정지! 그리고 새로운 방식 제시하며 연극 바꾸기	
4	팔로우업	두 팀의 토론	토론 진행자 - 교사(역할 속 교사)
5		소감문 쓰기	

3 | 확장

이 소설 내용과 비슷한 상황을 오늘날 사례에서 찾아보고, 이를 활용하여 연극 활동이나 토론을 할 수 있습니다. 여기서는 한때 세상을 떠들썩하게 했던 '동화사 금괴 소동' 사건을 활용하겠습니다.

1 먼저 다음의 신문 기사를 읽습니다. 대표로 한 학생이 낭

독을 해도 되고 유인물로 나누어 주어 눈으로 읽어도 됩니다.

"대구 동화사 대웅전 뒤뜰에 금괴가 묻혀 있다"
한 40대 탈북 남성이 대구시 동구 도학동 팔공산 동화사에 금괴가 묻혀 있다고 주장해 때아닌 금괴 소동이 벌어지고 있다. 지난 2008년 12월 북한을 탈출한 김 모(41) 씨는 2011년 말 대구의 한 변호사 사무실을 찾아가 "동화사에 묻혀 있는 금괴를 찾고 싶다"며 발굴을 의뢰했다. 묻혀 있다는 금괴는 40kg으로 현 시가로는 26억 원에 달한다.

김 씨는 "북한에 있을 때 남한 출신의 양아버지인 기 모(83) 씨가 한국전쟁 당시 금괴를 동화사 대웅전 뒤뜰에 묻었다"며 "자신에게 이를 찾아 줄 것을 위임했다"고 주장했다. 금괴는 대구가 고향으로 서울에서 사업을 하던 기 씨의 부모가 전 재산을 처분해 마련한 것으로 전쟁이 끝나면 다시 금괴를 찾으려고 했지만 전쟁의 소용돌이에 휘말려 북한에 정착하면서 찾지 못하게 됐다는 것.

김 씨는 대구지역 변호사를 선임해 2011년 12월 29일 금속탐지 전문가와 함께 동화사를 찾아 대웅전 뒤뜰에 대해 탐지 작업을 벌였는데 실제로 지하 1.2m 부근에서 금속반응이 나온 것으로 알려졌다. 김 씨 측 변호사는 "금속반응이 나온 만큼 사실 확인은 필요하다"며 우선 동화사측과 발굴 등에 대해 협의를 하겠지만 여의치 않을 경우 법적 해결방안도 적극 검토하겠다고 밝혔다. 동화사측은 문화재

훼손 등을 이유로 난색을 표명하고 있다. 동화사 대웅전은 보물 제1563호로 지정돼 있어 발굴하려면 문화재청으로부터 현상변경 허가를 받아야 한다. 문화재청은 정식 신청이 접수되면 문화재위원회를 열어 발굴 허용 여부를 최종 결정하겠다는 입장이다.

(원문보기: http://www.nocutnews.co.kr/news/905670#csid x732b7ec3d29ea37bb828ec4d4bba825)

2 이제 질문을 던져 봅니다. "만약 당신이 이 탈북자, 변호사, 동화사 주지, 문화재청 담당자라면 어떤 선택을 하겠습니까?" 좀 더 심화된 조사를 한 후 다양한 입장의 '살아 보기 드라마'를 해도 좋습니다.

3 발굴한다는 팀과 발굴 안 한다는 팀으로 학생들을 나눈 뒤, 앞에서 진행했던 구&권 모형을 적용하여 수업을 비슷하게 진행해 봅니다.

수업의 흐름

차시	과정	내용	유의 사항
1	웜업	적절한 놀이	웜업 시간은 조정할 수 있음
2	드라마	신문 기사를 공유함 살아 보기 드라마 - 관련자가 되어 이 사건을 바라보는 시선을 연극으로 공연함	
3	드라마	두 팀으로 나누어 상황극 공연하기 공연 시 관객이 정지를 외치고 새로운 제안으로 연극을 바꿀 수 있음	
4	팔로우업	양 팀으로 나누어 토론하기 소감 나누기	

I | 수업 개요

사람은 누구나 태어난 이상 죽음을 맞이하게 됩니다. 키르케고르가 말했듯이, 언젠가 맞이할 수밖에 없는 죽음은 우리의 근원적인 공포와 불안의 원인입니다. 그리고 궁극적으로 죽음이 기다리고 있는 미래는 언제나 우리에게 알 수 없는 공포와 불안의 대상이 됩니다. 특히 학생들은 나이가 어려서 빨리 어른이 되고 싶은 열망과 미래가 주는 근원적인 공포를 동시에 느낄 수 있습니다.

이때 불안을 가라앉힐 수 있는 해법은 자기 자신을 돌아보는 것입니다. 우리가 불안과 공포를 느끼는 까닭은 자신의 능력과 역량을 가늠하지 못한 채 앞만 보고 달리기 때문입니다. 이는 마라톤을 할 때 자신의 체력을 모르고 체력 안배 없이 무작정 달려가는 것과 같습니다. 그런 선수라면 당연히 달리는 일 자체가 공포와 불안의 대상일 것입니다. 차분히 삶을 성찰하는 시간은 누구에게나 필요한 일입니다. 올바르게 해석하지 않고, 묻어 둔 정서를 함께 힘을 모아 해석하고 차분히 삶을 성찰하는 시간은 누구에게나 필요합니다. 올바르게 해석하지 않고 묻어 둔 정서가 있다면 함께하는 사람들과 힘을 모아 서로 격려해서 그 정서와 직면한다면 괜한 공포에서 벗어나고 용기를 갖게 될 겁니다.

─────────────────────────── **¶** 웜업 ───

이 수업에서는 특별한 웜업이 필요하지 않습니다. 놀이라면 무엇이나 적용 가능합니다. 다만 성찰이 요구되므로 지나치게 동적인 활동은 피하고, 표현적인 활동 중심으로 구성하는 것이 바람직합니다. 별도의 웜업 없이 드라마 활동을 준비하기 위해 개인별로 인생곡선을 먼저 그린 후에 모둠을 편성하는 것도 방법이 될 수 있습니다.

─────────────────────── **¶** 드라마 활동 ───

준비하기

1 학생들을 5-6명 정도의 모둠으로 편성하고, 각 모둠별로 A3 용지(A4 용지를 가로로 두 장 연결함)를 준비합니다. 교사가 미리 준비하여 나누어 줄 수도 있습니다.

2 종이 가운데에 선을 그어서 위/아래로 나눕니다. 이렇게 되면 이어 붙인 종이 왼쪽과 오른쪽, 그리고 그은 선의 위 아래 두 축이 생깁니다. 위아래 축으로는 행복(기쁨)/불행(고통, 슬픔)을 나눕니다. 왼쪽 오른쪽 축으로는 과거 – 현재 – 미래의 시간을 나눕니다.

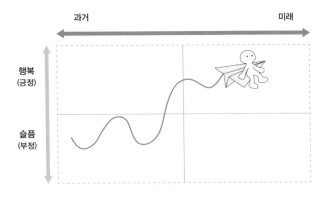

조각상과 상황극 공연하기

1 모둠별로 과거 그래프에 적혀 있는 가장 행복했던 사건들에 대하여 이야기를 나누어 봅니다.

2 이 이야기들을 종합하여 모둠별로 조각상(타블로)을 만들어 봅니다.

3 한 모둠이 조각상을 발표하면 다른 모둠에서는 관람자가 되어 전시장처럼 조각들 사이를 다니면서 감상합니다.

4 그래프에서 위칸에 적혀 있는 사건들을 엮어서 '기쁨' 혹은 '행복' 등의 주제로 이야기를 만들어서 5-6분 정도의 간단한 상황극을 공연합니다.

5 서로 소감을 나눕니다.

6 기쁨과 행복이 주는 힘을 느껴 봅니다. 교사는 학생들에게 눈을 감도록 하고 다음의 말을 느린 속도로 이야기 건네듯 함으로써 학생들이 그 말을 음미하며 천천히 자신의 기억

속에서 그 느낌을 꺼낼 수 있도록 합니다.

"좋은 기억, 행복한 기억, 기쁨의 기억은 무슨 색깔일까요? 눈을 감고 상상해 봅시다. 그 색깔이 내 몸을 관통하고 있다는 느낌으로…."

슬픔을 딛고 일어나기

1 모둠별로 그래프를 함께 보면서 가장 슬펐던 사건에 대하여 이야기를 나누어 봅니다.

2 이야기를 종합하여 모둠별로 조각상을 만들어 봅니다.

3 한 모둠이 조각상을 발표하면 다른 모둠에서는 관람자가 되어 전시장처럼 조각들 사이를 다니면서 감상합니다.

4 그래프에서 위칸에 적혀 있는 사건들을 엮어서 '슬픔' 혹은 '괴로움' 등의 주제로 이야기를 만들어서 5-6분 정도의 간단한 상황극을 공연합니다.

5 서로 소감을 나눕니다.

6 슬픔과 괴로움이 반드시 해로운 것만은 아니고, 때로 우리에게 어떤 힘을 줄 수도 있음을 느껴 봅니다. 학생들에게 눈을 감도록 하고 다음 페이지의 말을 느린 속도로 이야기 건네듯 합니다. 학생들이 그 말을 들으며 천천히 자신의 기억 속에서 슬픔이나 괴로움의 느낌을 꺼낼 수 있도록 합니다. 그 일이 일어난 후에 현재까지 어떤 힘으로 지내왔는지 떠올리고

자신의 삶을 지탱해 온 힘 또는 의지의 근원에 대한 이미지와 그 느낌을 꺼낼 수 있도록 합니다.

"눈을 감고 슬픔에 대해 생각해 봅니다. 나에게 슬픔은 무슨 색깔일까 상상합니다. 이제 그 색깔이 내 몸을 관통하고 있다는 느낌으로…. 슬픔은 나에게 필요 없는 것이었을까요? 슬픔을 경험하기 이전과 이후 내가 어떻게 달라졌는지 생각합니다. 현재 내가 가진 능력이나 힘 중에 혹시 슬픔을 경험했기 때문에 얻은 것이 없는지 생각합니다. 친구나 가까운 사람들의 고마움을 알게 된 것이 내가 슬플 때 곁에 있어 주어서인지 생각해 봅니다."

나의 미래를 위하여

1 이번에는 그래프의 좌우 축을 따라서 봅니다. 오른쪽 종이에 있는 미래 그래프를 보고 모둠에서 이야기를 나누어 봅니다. 이하 모둠별로 조각을 만들고 다른 모둠에게 조각상을 보여 주고, 하나의 이야기를 선택하여 상황극으로 만들어 공연하고 소감을 나누는 과정은 동일합니다.

2 교사는 학생들에게 눈을 감고 다음 말을 하면서 그 말의 의미를 천천히 느껴 보도록 합니다.

"미래는 과연 불안한 것일까요? 혹은 마냥 밝기만한 것일까요? 나의 미래는 무슨 색깔일까요? 눈을 감고 상상해 봅니다. 그 색깔이 내 몸을 관통하고 있다는 느낌으로… 색깔과 느낌과 주위의 상황을 그대로 느껴 봅니다. 내 미래에 대해 희망을 지니되 불안해하지 않아도 되는 까닭은 무엇일까요? 같은 모둠 친구들의 미래는 무슨 색깔일까요? 이 색깔들이 함께 어우러진 그림을 마음속에 그려 봅니다."

---

3 팔로우업

1 슬픔의 나, 기쁨의 나 그리고 미래의 나. 이 세 명의 내가 함께 있는 그림을 그려 봅니다. 너무 자세하게 그릴 필요는 없고 간단한 캐리커처로 그려 봅니다. 배경이 함께 있으면 더욱 좋습니다.

2 그림 속 각각의 나에게 앞의 활동에서 상상했던 색깔을 칠합니다.

3 같은 모둠 학생들끼리 그림을 돌려 봅니다. 그리고 큰 종이에 함께 하는 미래의 우리를 같이 그려서 상상의 그림을 완성합니다.

수업의 흐름

차시	과정	내용	유의 사항
1	웜업	롤러코스터 인생곡선 그리기	웜업 시간은 조정할 수 있음
2	드라마	모둠별로 가장 행복했던 사건들에 대해 이야기 나누기 조각상 만들기, 감상하기 그래프의 가장 위칸에 적힌 사건들을 엮어서 주제를 정하고 상황극을 만들어 공연하기 소감 나누기 기쁨과 행복이 주는 힘 느끼기	
3	드라마	슬픔을 딛고 일어나기 가장 슬펐던 사건에 대하여 이야기 나누기 조각상 만들기, 감상하기 그래프의 가장 아래 칸에 적힌 사건들을 엮어서 '슬픔' 혹은 '괴로움' 등의 주제로 이야기를 만들고 상황극을 공연하기 소감 나누기 슬픔과 괴로움이 주는 힘을 느껴 보기	
4	드라마	나의 미래를 위하여 조각상 만들기, 감상하기 미래의 이야기 선택하여 공연하기 소감 나누기 미래를 상상해 보기	
5	팔로우업	기쁨, 슬픔, 미래의 나 그림 그리기 색칠하기 모둠원끼리 돌려 보기 큰 종이에 함께하는 미래의 우리를 그려 보기	

Ⅰ | 수업 개요

이 수업은 정약용처럼 역사적 인물이나 사건을 교육연극으로 지도하고 싶어한 대학원 제자에게 자문을 해주다가 고안한 것입니다. 사실 많은 학생들이 역사 과목을 싫어하고 지루해 합니다. 역사를 좋아하는 것과 역사 과목을 좋아하는 것은 살짝 의미가 다릅니다. 다시 말해 역사는 좋아하는데 역사 과목은 싫어합니다. 몇몇 역사 강사들이 스타가 되는데, 정작 역사 과목은 싫어하는 것입니다. 차이가 무엇일까요? 저는 이야기라고 생각합니다. 이른바 스타 강사들은 역사를 스토리텔링으로 만들어서 들려줍니다. 그 스토리 자체의 옳고 그름은 논외로 하고 말입니다.

　그런데 백문불여일견百聞不如一見이고 백견불여일행百見不如一行입니다. 스토리텔링이 그렇게 흥미를 높인다면, 이야기를 단지 듣는 것이 아니라 직접 그 이야기의 시간과 공간 속으로 들어가서 사건을 체험한다면 더 재미있지 않을까요? 어떤 역사적 인물이나 사건을 책을 보고 암기하거나 누군가의 이야기를 듣기보다 연극을 통해 체험하고, 교실 공간과 학생들 자신의 몸을 이용하여 공간적 배경과 시간의 흐름을 함께 느끼는 게 더 재미있지 않을까요?

　이 수업은 바로 이런 문제의식을 배경으로 구성한 것입니다. 꼭 다산 정약용일 필요는 없고, 다른 역사적 인물이나 사건을 선택하여 구성하여도 좋겠습니다. 물론 그 경우에 활동의 세부 내용은 달라져야 하겠죠.

2 | 수업의 실제

❙ 웜업

신체 활동을 많이 해야 하는 수업입니다. 따라서 몸을 많이 데울 수 있는 놀이가 필요합니다. 앞에서 소개한 과일샐러드 등의 게임으로 먼저 몸을 활발하게 만들어 볼 수 있습니다.

다음으로 정약용의 '배다리'를 연상하도록 '인간 다리 엮기'로 풍선을 전달하는 놀이를 하는 것도 의미가 있습니다. 이 수업은 모둠의 협력이 매우 중요하므로 협력놀이로 웜엄을 하는 것이 효과적일 수 있습니다. 다리 엮기 놀이를 다음 순서에 따라 진행해 봅니다.

다리 엮기 놀이

1 학생들을 10명 정도를 한 팀으로 하여 2-3팀으로 편성합니다.

2 학생들은 풍선 등의 물체를 손을 대지 않고, 다리로만

전달하여 맨 끝 사람에게 도달시킵니다. 먼저 도달시킨 팀이 승리합니다.

※학생 수가 적어서 두 팀으로 나누기가 어려울 경우에는 시간제한을 두어 분위기를 고조시킵니다(예: 10초 안에 성공하기). 적절한 보상을 주면 더 신이 나서 놀이에 임합니다. 그러나 자칫하면 몸이 다칠 수 있으므로 과도한 경쟁은 피하도록 미리 주의를 줍니다.

─────────────────────────── **2 드라마 활동**

인간지도

정약용의 일대기를 지리적 공간 감각과 함께 익히는 활동입니다. 경우에 따라서는 웜업으로 실시하여도 효과적입니다.

1 학생들을 4-6명 정도가 한 모둠이 되도록 구성합니다. 학급 인원수에 따라 다른데, 어쨌든 학급이 모두 5-6모둠 정도가 되도록 적절히 구성합니다.

2 정약용의 일대기를 조사합니다(미리 과제를 부여했다면 가져온 자료를 함께 연구합니다). 태어난 곳과 사망한 곳을 찾아봅니다. 그리고 정약용의 생애에서 중요한 사건, 중요한 활동과 업적이 무엇인지 조사하고, 사건, 활동, 업적 당시 정약용이 위치했던 지역이 어디인지 알아봅니다.

3 교실의 각 구역을 정약용이 활약했던 지역으로 설정합

니다. 먼저 교사가 적절한 위치에 자리 잡고 그곳을 '한양(서울)'으로 정합니다. 그 자리를 기준으로 조선의 각 지역이 교실 어떤 구역인지 가늠할 수 있습니다. 이렇게 교실의 각 구역을 한양, 수원, 강진 등으로 정하고 해당되는 위치의 바닥에 청테이프 등을 사용하여 표시를 달아 둡니다.

그리고 각 지역의 위치를 익히기 위해 교사가 '인간지도!'라고 외친 다음 어떤 지역 이름을 선창하면 학생들은 모두 그 지역으로 이동하는 연습을 몇 차례 실시합니다.

4 다음은 교사가 말해 주는 정약용의 일대기를 들으면서 해당 지역으로 이동해 봅니다.

예) 다산 정약용은 경기도 양주에서 태어났습니다. 서울에서 정조와 만나서 신임을 받았고, 이때 천주교 교리를 접하게 되었습니다. 정조의 명을 받고 경기도 북부 일대를 돌아다니면서 암행어사가 되었습니다. 또 정조의 명을 받고 경기도 화성, 즉 오늘날 수원에 성을 쌓는 일을 감독하여 훌륭하게 임무를 완수하였지만… 귀양을 가게 되었습니다. 처음에는 경상도 장기현, 그리고 다시 전라도 강진군으로 귀양을 갔습니다…

(일대기는 학생들이 조사한 내용을 종합하여 구성합니다.)

정약용의 생애와 업적으로 타블로 만들기

이제 정약용의 생애와 업적을 바탕으로 타블로 만들기를 합니다. 이 중에는 수원화성을 건축했다거나 배다리를 만들었다거나 하는 것처럼 실제 사물로 표현할 수 있는 것도 있지만, 사상이나 학문처럼 추상적으로 표현해야 하는 것도 있습니다. 다음 순서에 따라 진행해 봅시다.

1 학생들을 지역별 모둠으로 만듭니다. 가령 서울 팀, 경기 팀, 화성 팀, 전남 강진 팀으로 나눌 수 있습니다.

2 각 팀은 교실 내 해당되는 각 지역으로 가서 모입니다. 그리고 거중기, 배다리, 저술 활동, 종교 활동, 목민 활동 등 다양한 업적과 관련된 상징적 구조물을 한지, 나무, 색종이, 풀, 도화지, 이젤 등으로 미리 만들어서 그 구역에 세워 둡니다. 구조물을 제작하여 세울 때는 바닥에 견고하게 부착하여 쓰러져서 파손되지 않도록 유의합니다.

3 학생들은 정약용이 해당 지역에 있을 때 사건, 활동, 업적 등을 조사하여 이것들을 바탕으로 몇 개의 타블로를 만들어 봅니다. 나아가 그 지역 사람들이 되어 잠시 '살아 보기 드라마'를 해보는 것도 재미있습니다.

서울: 정조와의 만남, 천주교 교리를 접함, 배다리 특명

수원화성: 정조의 업적, 정약용의 활약(설계, 거중기 발명)

경기도 양주와 연천: 암행어사 정약용

경상도 장기현 → 전라도 강진: 귀양살이, 제자 양성, 많은
저서

4　이제 교사는 정약용의 일대기를 다시 읽어 줍니다. 해
당 지역에서 있었던 이야기가 나오면 그 지역 학생들은 즉시
해당되는 사건이나 업적을 형상화하는 타블로를 만들어 보입
니다. 이때 단순하게 한 장면만 만드는 것이 아니라, 슬라이드
쇼처럼 타블로들을 연결해도 흥미롭습니다. 해당 지역 학생
들의 표현이 진행될 때 교사는 잠시 이야기를 멈추고 관객이
된 다른 지역 학생들과 함께 감상한 뒤 계속 일대기를 읽어 나
갑니다.

5　이제 정약용의 일대기를 모두 타블로로 만들어 표현해
보았으므로 전체 이야기를 타블로로 연결하는 슬라이드 쇼
를 해볼 차례입니다. 마치 슬라이드 영상이 상연되듯, 여러 모
둠이 일대기의 순서에 따라 그동안 만들어 표현한 타블로를
연결하여 다시 보여 주는 겁니다. 교사가 구령을 외칩니다. "정
약용의 일대기 슬라이드 쇼!"

각 팀의 타블로는 약 5초간 정지한 채로 있다가 흩어지고
이어 다음 팀의 타블로가 계속 이어집니다. 앞 팀은 다른 배역
으로 타블로를 이어가도록 순발력 있게 준비합니다. 학생들
이 선의의 경쟁을 하도록 하려면 순서가 틀리거나 자기 순서
가 되었을 때 타블로를 제대로 만들지 못한 팀에게 재미난 벌
칙을 주기로 약속하고, 잘 한 팀에게는 맛있는 상을 주기로 약

속을 정합니다. 초등학생이나 중학생의 경우 (요즘은 고등학생
도 예외는 아닌 것 같지만) 이러한 게임의 방식을 매우 좋아한답
니다.

> 벌칙은 한 팀이 나와 머리로 자신들의 이름을 쓰는 일명 '로커
> rocker의 탄생' 춤을 추도록 하고, 상으로는 누구나 좋아하는 ○○
> 파이나 약간의 간식이면 충분하다.

드라마 만들기

이제 학급을 4개의 모둠으로 편성하여 정약용의 일대기를 드
라마로 만들어 봅니다. 한 모둠이 발표하면 다른 모둠은 관객
이 됩니다.

1 정약용의 일대기를 알아보기 전에 인물을 중심으로 드
라마 플롯을 함께 확인합니다.

〈주제: 정약용의 일대기, 성공 or 실패?〉
LOCK의 이야기 구성 방식으로 정약용의 이야기를 구성
합니다.
L (Lead) 주인공: 정약용
O (Objective) 그의 목표: 실사구시를 통한 애민정신 실현
C (Confrontation) 그를 방해하는 요소(학생들이 조사함):

노론의 권력 남용, 정조의 예기치 못한 보수성 등. 이 경우 노론의 입장에서 정약용 등 실학자들을 반대하는 근거 있는 이유를 마련함.

K (K.O) 성공인가 실패인가?: 당시 관점으로 보면 패배임. 결국 실각하여 유배를 갔고, 이후 다시는 권력을 잡지 못함.

2 정약용의 일대기를 네 개의 시기로 구분한 뒤, 정약용의 이야기를 모둠별로 나누어 드라마로 만듭니다. 한 모둠이 한 시기에 대해 공연하면, 다음 모둠이 다음 시기를 공연합니다. 각 시기별로 방해자들을 설정하여 갈등을 만들면 드라마의 역동성을 살릴 수 있습니다.

1) 어린 시절: 어린이 다산, 그리고 청소년기

2) 청년기: 첫 관직 생활을 시작하다. 천주교를 만나다.

3) 장년기: 정조의 신임 아래 여러 가지 업적을 남기다가 반대세력에게 밀려 권력을 잃고 유배를 떠나다.

4) 노년기: 유배지에서 학문에 정진하여 큰 진전을 이루고 많은 책을 남기다.

인간척도

우리는 살아가면서 수많은 척도를 만납니다. 텔레비전의 소리 크기를 표시하는 막대, 휴대전화의 수신 정도를 표시하는 감도. 수많은 통계자료를 표시하는 척도. 이 척도를 몸의 거리로 표현한 것이 인간척도입니다.

선생님이 가운데에 서서 선생님으로부터 가까이 선 사람은 그 주제에 대하여 '매우 그러함', 선생님으로부터 멀리 선 사람일수록 '매우 그렇지 않음'으로 제시하고 '하나 둘 셋'하는 구령과 함께 자신의 입장에 따라 위치를 정하게 합니다. 한 줄로 서게 할 수도 있고, 교실 전체에 흩어지게 할 수도 있습니다.

이 활동은 주로 어떤 쟁점에 대해 찬성/반대를 학생들이 척도가 되어 표현합니다. 가령 가운데를 0으로 두고 찬성하는 쪽은 왼쪽으로, 반대하는 쪽은 오른쪽으로 늘어서게 해서 찬성과 반대의 차이를 직관적으로 보여 줄 수 있습니다. 아니면 찬성이나 반대의 의지가 클수록 0으로부터 멀리 떨어져 있게 함으로써 그 문제에 대한 전체 구성원의 입장 강도를 파악할 수 있습니다.

이제 정약용의 삶에 대한 질문을 만들어 봅니다(다음의 질문을 그대로 사용할 필요는 없습니다. 또 다른 질문이 제기되면 적극적으로 활용해 봅시다).

질문 1: 조선 후기의 시각으로 볼 때 그의 인생은 성공인가

실패인가?

질문 2: 21세기의 시각으로 보면 위와 같은 성공/실패의 평가가 달라질까?

1 질의 & 응답 – 드라마 활동을 통해 정약용에 대해 궁금한 점을 질문하고 학생들 간에 서로 답을 구합니다. 선생님이 조언해 줄 수 있지만 가능하면 학생들이 조사하고 활동한 내용 속에서 스스로 답을 구할 수 있도록 기다립니다.

2 인간척도 – 정약용의 삶은 성공인가? 혹은 실패인가? 학생들은 좌(성공 측) 또는 우(실패 측)로 이동합니다.

돌아가면서 이야기를 듣고 생각이 바뀐 사람은 자리를 이동합니다.

핫시팅

정약용을 소환하여 질문을 합니다. 질문의 내용에 따라 각 시기별 정약용이 소환되어 나오면 더 흥미로워질 수 있습니다.

정약용 역할을 맡은 학생들은 그의 입장이 되어 질문에 답을 합니다. 사실을 암기하여 답하기보다 당시의 상황에서 어떤 갈등이 있었을지 생각하여 적절한 답을 하도록 합니다.

정약용이 거쳐 갔던 지역에서 만난 인연의 생생 인터뷰를 마련하여 보는 것도 재미있습니다. 각 지역의 삶을 맡은 모둠은 그 지역에서 만났을 법한 인물을 한 명 정하여 어떤 관계인지 설정합니다. 그리고 당시 정약용과 어떤 이야기를 나누었는지 생생하게 재현하여 살아 보기 드라마를 하며 이야기해 주는 것입니다.

수업의 흐름

차시	과정	내용	유의 사항
1	웜업	과일 샐러드 놀이 인간 다리 엮기로 풍선 전달 놀이	웜업 시간은 조정할 수 있음
2	드라마	모둠 구성하기 정약용의 일대기 조사하기 인간지도로 정약용의 시기별 장소로 이동하기 살아 보기 드라마 병행 자료를 바탕으로 정약용의 생애와 업적을 타블로, 슬라이드 쇼 등 장면으로 표현하기 교사가 들려주는 이야기를 들으며 그 지역 학생들이 장면 표현하기 '정약용 일대기 자동' 시간의 순서에 따라 일대기 장면을 순서대로 슬라이드 쇼로 표현하기	
3	드라마	정약용의 일대기 플롯에 따라 네 시기로 나누기 각 시기별로 그의 목표/방해/성패를 드라마로 만들어 공연하기	
4	팔로우업	인간척도 질의응답 성공 또는 실패 그 이유를 생각하고 입장을 밝히며 이야기 나누어 보기 생생 인터뷰 핫시팅	

Ⅰ | 수업 개요

중학생들에게 정치가 무엇인지 가르치는 것은 참으로 어려운 일입니다. 우선 정치 자체에 흥미가 없습니다. 정치가 무엇인지, 어떤 정치가 좋은 것인지를 묻기 전에 정치에 관심이 있는지 질문했습니다. 학생들은 고개를 절레절레 흔들었습니다. 그렇다면 우선 궁금함을 가져 보자고 했습니다. 호기심을 자극하기 위해 공자의 이야기를 들려주었습니다.

"섭공이라는 제후가 공자를 찾아와 고민을 토로했다.
사람들이 나라를 떠나 인구가 줄어들고 있으니 이를 어찌해야 하는가? 라는 질문에 공자는 이렇게 답한다.
'近者悅 遠者來.'
이 말은 가까이 있는 사람을 기쁘게 하면 멀리서도 부러워하며 찾아든다는 뜻이다."

이야기를 들려준 후 정치를 생각하기에 앞서 살고 싶은 나라를 생각해 보자고 했습니다. 꿈처럼 이상적이어도 좋으며, 나라가 어려우면 학교로 좁혀서 생각해도 된다고 했습니다.

드라마 기법으로는 전문가의 망토를 적용하였습니다. 교사는 사회자와 의뢰인으로서 TIR이 되어 활약하였습니다.

━━━━━━━━━━━━━━━━━━━━━━━ **1 웜업** ━

아이엠 그라운드 나라 이름 대기

1 모둠을 나누어 나라 이름을 정하고 4박자 게임을 진행합니다.

2 열기가 적당히 오르면 그만하고 다음 프로그램을 진행합니다.

━━━━━━━━━━━━━━━━━━ **2 드라마 활동** ━

살고 싶은 나라

1 앞서 정한 모둠을 단위로 이상적인 나라에 관한 활동을 안내합니다.

2 4절지를 나누어 주고 살고 싶은 나라를 그림으로 그리게 합니다.

3 그림에 표현되어야 할 조건을 미리 일러 줍니다.

● 해당 국가의 국민이 될 자격 조건

● 복지정책 등 특색 있는 정책을 집행하는 데 필요한 예산을 충당할 방법

● 기타 이상적인 국가를 유지하기 위해 꼭 필요한 요건

4 그림을 다 그린 후에 교실을 국제회의장으로 설정합니다. 모둠원은 각 국가를 대표하는 누군가(국회의원, 대통령, 장

관, 청소년대표 등)가 되어 차례로 나와 자기 나라를 소개하는 시간을 갖습니다.

5 모둠별로 자신들이 꾸민 이상적인 나라를 소개하고 다른 학생들과 질의응답 시간을 갖습니다.

6 교사는 국제회의장의 사회자로서 각국 대표를 소개하고 발표와 질의응답을 진행합니다.

3 팔로우업

소감문 작성하고 발표하기

활동 후 각자 소감문을 작성합니다. 상상의 나라를 만들면서 어려웠던 점, 즐거웠던 점을 중심으로 소감을 적도록 안내합니다.

다 쓴 후 모둠별로 한 명씩 혹은 시간이 가능하다면 전체가 돌아가며 발표를 합니다. 시간이 부족하다면 소감문의 키워드만 발표해도 무방합니다.

모둠별로 그림을 그리는 동안 다양한 이야기를 나눕니다. 간혹 짓궂은 남학생들이 요상한 나라를 그리기도 하지만 적절한 주의를 주고 상상력을 발휘하게 하면서 책임 있는 국가 대표로 행동하도록 유도합니다. 처음에는 장난처럼 하다가도 발표 순간이 다가오면 참으로 진지해지는 모습을 볼 수 있습니다. 이때 아무리 장난스럽게 그림을 그리고 발표에 임하더라도 교사가 사회를 보면서 그 이야기에 의미를 담아 해석해

주는 센스를 보여 주면 학생들도 금세 진지하게 태도를 바꿉
니다.

수업의 흐름

차시	과정	내용	유의 사항
1	웜업	아이앰 그라운드 나라 이름 대기(모둠 활동)	웜업 시간은 조정할 수 있음
2	드라마	모둠원끼리 우리가 살고 싶은 이상적인 나라를 그림으로 그리기 (그림 속 조건 제시)	준비물: 4절지
3	드라마	국제회의장 각국의 대표가 나와 차례로 자기 나라를 소개하기 질의 & 응답	국제회의 진행자 – 교사(역할 속 교사)
4	팔로우업	소감문을 작성하고 발표하기	

부록

〈흰 종이수염〉 모둠별 연극 대본
결말 그 이후의 이야기

Ⅰ | 방이중학교 1학년 3반 준영이네 모둠

동길 아버지가 싸우는 아이들을 말린다.

　　동길 아버지: 그만두지 못 하노?

　　동길은 아버지 목소리를 듣지 못한다. 동길 아버지가 메가폰을 들고 소리친다.

　　동길 아버지: 동길아~~~~~~~~~~~!

　　동길과 친구들이 깜짝 놀라 쳐다본다.

　　동길 아버지가 동길의 손을 잡고 돌아간다. 집에 가는 동안 한 마디도 안 한다.

　　집에 가자 동길 어머니가 운다.

　　동길 어머니: (궁금한 얼굴로) 동길아, 얼굴이 왜 그래?!?

　　동길: ....

　　동길 아버지: 동길이가 창식이하고 쥐어터지게 싸웠어요.

　　동길 어머니: 와! 싸웠노?

　　동길: 아, 모릅니다!

　　동길 아버지: 와 모르노! 이놈의 자식이 아빠가 싸우지 말랬지!

　　동길: 잘못했어요 ㅠㅠ

　　다음날 동길이 창식과 마주친다. 둘은 서로 말없이 그냥 간다.

창식: 동길아, 미안해.

친구들: 그래, 우리도 미안해.

동길: 다음부터 말 조심해 줘~~~

그 사건 이후로 동길과 창식은 절친이 되었다!

2 | 방이중학교 1학년 5반 다연이네 모둠

동길과 창식은 크게 싸우는데, 창식이 동길에게 일방적으로 맞다가 아버지에게 제지당한다.

10년 후, 창식은 동길에게 복수하려 타노스(〈어벤져스〉 등장인물)가 되고 동길은 창식을 막으려 닥터 스트레인지가 된다. 타노스가 닥터 스트레인지의 타임 스톤을 빼앗고 인류를 멸망시킨다.

동길(닥터 스트레인지): (타노스와 싸우며) 타임 스톤은 절대 줄 수 없다!

창식(타노스): (닥터 스트레인지의 타임 스톤을 빼앗으며) 과연 그럴까?

(타임 스톤을 장갑에 끼우며) 이제 내가 지배자다!

동길(닥터 스트레인지): (포기하는 말투로) 이런...

타노스는 손가락을 쳐서 인류를 멸망시킨다.

3 | 방이중학교 1학년 3반 제윤이네 모둠

동길 아버지는 동길을 바로 데려가서 진정시키고 창식네 부모와 다툰다.

동길은 사과를 받아낸 아버지가 자랑스럽다. 동길은 부모에게 효도하며 살아가던 중 전쟁을 맞이한다. 부모와 함께 피난 가던 동길은 강제로 군대에 끌려간다. 동길은 무서웠지만 한쪽 팔이 없는 아버지와 자신을 뒷바라지한 어머니를 떠올리며 죽을 각오를 하고 싸운다.

전쟁이 끝나고 동길은 부모와 만나기로 약속한 곳으로 향한다. 가는 도중 한 아주머니가 울고 있길래 다가가 보니 자신의 어머니다. 그 옆에 아버지가 축 늘어져 있다. 아버지의 손에는 총 한 자루와 동길이 만들어 준 풀잎반지가 쥐어 있다. 아버지는 피난 가는 도중 몰려온 적과 싸우다가 돌아가신 거였다. 그 순간 동길은 몸에 힘이 풀리고 흐느껴 운다. 동길은 아버지의 시신을 아버지가 자주 가던 산에 묻어드린다. 그리고는 어머니와 아버지를 기리며 열심히 살아간다.

4 | 방이중학교 1학년 6반 원일이네 모둠

서동길: 다녀왔습니다~~! (바닥에 누운 아빠를 가리키며) 엄마, 이 사람은 누구예요?

엄마: (기운 없는 말투로) 아버지 얼굴도 모르겠느냐...

서동길: 어... 아버지... 안녕하세요...

아빠: (힘없게) 그래... 아버지 오셨다.

서동길: (한쪽 팔을 보며) 뭐지?

아빠: 일터에 나갔다 왔더니 이렇게 되어버렸네... 허허.

서동길: 아버지~~

12년 후.

면접관 1: 서동길 씨 들어오세요~!

서동길: (쭈뼛쭈뼛 들어오며) 안녕하세요~!

면접관 2: (차갑게) 먼저 자기소개 하세요.

서동길: 원일고등학교를 졸업한 서동길이라고 합니다.

면접관 3: 네... 이름은 알거든요.

서동길: (아무말 대잔치) 저는 원일고등학교를 졸업하였고
요. 제 특징으로는 키위를 아주 좋아합니다. 키위가 많은
영양분을 함유하고 있어 건강에도 아주 좋단 말이죠...(중
략) 이상입니다.

내레이션: 면접이 끝난 후, 서동길은 면접에 붙는다.

서동길: 엄마 아빠, 면접에 붙었어요!

엄마: 동길아... 군대 영장이 왔는데..

서동길: 예...? 이제 겨우 취직했는데 군대를 가라뇨...!

동길: 하은, 창식: 나영, 희수: 은서, 예안: 가지, 지나가는 개: 소미

장면 1# 희수네 집 앞

늦은 저녁 동길이 희수를 만나러 온다.

희수: (띵동 소리에) 누구세요?

동길: (사투리로) 나 동길이다!

희수: 어... 들어와..!

동길이가 들어온다.

동길: 어?!

창식: 어?!

동길: 창식이 아이가?

창식: 동길이?

희수: 너네 아는 사이야?

창식: 와, 진짜 오랜만이다.

동길: 나가서 말이라도 좀 나누자.

장면 2# 포장마차

동길과 창식은 술을 시킨 뒤 대화를 나눈다. 추억을 회상하며 수염을 붙여 본다. 동길이 창식에게 희수랑 어떤 사이인지 물어본다.

장면 3# 희수네 집 안

희수는 예인과 전화통화를 한다. 무슨 말을 해도 시큰둥한 반응이 돌아온다. 전화를 끊는다.

　예인: 난 동길이가 좋은데...

　창식은 희수를 좋아하고, 희수는 예인을 좋아하고, 예인은 동길을 좋아한다.

　가지에게 상황을 설명하여 예인에게 고백한다. 예인은 거절하면서 동길을 좋아한다고 고백한다.

동길(하트)예인, 희수(하트)창식 러브라인 설명

창식과 싸우는 동길. 바닥에 누워 열정적으로 연기하는 아이들

이 책이 발간되었을 무렵이면 기말시험이 끝났을 듯합니다. 그때쯤 저는 아이들과 또 새로운 이야기를 만들려고 합니다.

이 프로젝트는 기말시험이 끝나고 두 번째 시간쯤이 적당할 것 같습니다. 저는 학생들에게 그냥 질문을 던질 겁니다.

자신에게 '결핍'된 것이 무엇인가요?

학생들은 어리둥절하겠지요. 그럼 모둠끼리 결핍에 대해 이야기를 나눈 뒤 그 가운데 하나를 골라 타블로를 만들게 합니다. 나머지 모둠은 그 조각상을 바라보고 머릿속에 떠오른 단어를 종이에 이어 적습니다.

그리고 결핍에 관하여 주제 특강을 간단히 하겠습니다.

그냥 없는 것이나 필요한데 갖지 못한 것이라고 생각할 수 있습니다. 그러나 무언가가 처음부터 없었다면 아무런 느낌이 들지 않을 터입니다. 그렇다면 결핍이란 게 무엇일까요? 그것은 원래 갖고 있던 것을 지금은 갖고 있지 않아서 그 안타까움에 '없음'이 보다 절실히 느껴지는 상태라고 생각됩니다. 그래서 그 무언가를 더욱 갈망하게 되는, 그런 것이 결핍이 아닐까요.

우리는 원래 갖고 있었다가 잃어버린 것이나 그와 유사한 것이 다시 찾아온다면 이번에는 아주 소중하게 여기고 잃지 않으려는 심정에서 잘 지키게 됩니다.

그러고 나서 삼표 레미콘 공장 이야기를 들려줍니다.

한국 경제는 '한강의 기적'이라고 불릴 만큼 전쟁의 상흔을 딛고 성장가도를 달렸어요. 곳곳에 새로운 건물들이 지어지는 가운데 레미콘처럼 건축건설 재료는 무한 생산될 것처럼 서울 한강 옆에 자리 잡았더랬죠. 그중 레미콘 공장은 '서울숲' 옆에 아직도 남아 있습니다. 공장이 이전 또는 개축한 자리에 어떤 공간이 만들어지면 좋을까요?

청소년들의 꿈과 희망이 무르익는 공간, 온 연령대가 모여 행복을 느끼고 미래를 꿈꾸는 시간을 누릴 수 있는 곳으로 만들면 어떨까요, 하고 제안합니다. 그럼 아이들은 앞의 '결핍' 주제와 레미콘 공장이랑 무슨 상관인지 의아해할 수 있습니다. 그때 이렇게 말합니다.

가장 멋진 성공시대를 함께 달렸던 어떤 공간과 건축물이 이젠 아무 쓸모없는 흉물이 되었다고 치운다고 하네요. 훗날 이곳이 그립고 보고 싶지 않을까요? 이곳을 추억하고 보고 싶은 사람이 있을 텐데 그렇게 쉽게 없애 버려도 되는 걸까요?

이제 모둠끼리 모여서 저기를 어떻게 하면 좋을지 청사진을 그려 보세요. 종이를 나누어 주고, 그림을 그리며 상상을 합니다. 이야기를 나누는 시간에는 휴대폰으로 이것저것 검색을 하도록 할 겁니다. 아이들은 매우 다양한 상상 끝에 어떤 결론에 이르겠지요.

그리고는 발표를 시키는데, 그 상상의 공간 속에서 사람들이 즐기는 상황을 보여 주도록 요청합니다. 모둠원끼리 그 장면을 보여 주기 위해 상황극을 연습하겠지요. 멋진 장면이 나오면 "스톱"을 외쳐서 정지장면을 만들도록 하고, 사진을 찍을 겁니다.

서너 모둠이 발표하고 나면 둘러앉아 소감을 나눌 겁니다. 그 후 개인의 결핍과 사회의 결핍에 대하여 이런저런 이야기를 나누겠습니다.

**

사실 이 프로젝트는 학생들과 진행하기 전에 먼저 50 플러스(나이가 50을 넘긴 장년층)와 함께했습니다. 그분들은 결핍의 의미를 대번에 공감했습니다. 당시엔 모르고 깜짝할 사이에 써버린 것들의 소중함을 절절히 알기 때문입니다.

무엇이 가장 소중할까요? 저는 시간, 사랑, 건강, 열정 등 다양한 키워드를 제시했습니다. 50 플러스도 모둠별로 모여 이야기를 나누고, 삼표 레미콘 공장의 이전 문제를 해결하고자 상상력을 동원했습니다. 그리고 주어진 시간이 지난 뒤 발표했습니다. 상황극과 타블로 등 다양한 방식으로 자신들만의 이야기를 이미지로 표현했습니다. 마치 아이가 된 것처럼 말이죠. 그런데 어떻게 이렇게 나이 드신 분들이 몸과 마음을 열고 상상의 세계를 펼치며 무대 위에서 몸으로 표현할 수 있게 되었을까요? 바로 교육연극의 힘 덕분입니다. 이 수업 이전에 다양한 연극놀이와 수업을 하였기에 나이 드신 분들도, 전혀 연극을 해보지 않았던 분들도 무대 위에서 스스럼없이 자신의 이야기를 펼쳐 보일 수 있었습니다. 50 플러스의 마음을 열게 하는 것은 참 쉽지 않지만, 교육연극은 그걸 가능하게 합니다.

50 플러스의 몸과 마음을 여는 수업 프로그램 한 가지를 더 소개합니다. '나의 손과 만나기'입니다.

50 플러스의 나이가 되면 몸을 많이 움직이는 놀이가 마음처럼 쉽지 않습니다. 그래서 두 사람이 짝을 지어 한 사람이 눈을 감고 눈을 뜬 사람이 짝의 팔짱을 끼고 걸어 다니게 합니다. 눈을 감은 사람은 어린 시절 놀던 때의 공간을 떠올리며 눈앞에 펼쳐지는 광경을 눈을 뜬 짝에게 이야기합니다. 이야기를 듣는 사람은 나름대로 상상을 하며 간혹 질문도 합니다. 예를 들면, 눈을 감은 사람이 "우리 집 대문 앞에 그 강아지가 있었어요."라고 하면, 눈을 뜬 사람이 "대문이 어떤 색이었어요?"라는 등, 궁금한 것을 묻는 형식입니다. 눈을 감은 사람은 질문에 따라 한층 구체적인 상상을 하게 됩니다. 이렇게

잠시 동안 과거로 여행을 떠났다가 일정 시간이 지나면 자리로 돌아오도록 합니다. 4~6인이 한 모둠이 되도록 한 뒤, 눈을 뜨고 안내했던 사람이 눈 감은 사람에게 들은 이야기를 다른 사람들에게 해줍니다. 눈을 감았던 이야기의 주인공은 자신의 이야기를 짝꿍이 전해 줄 때 가만히 듣습니다. 이야기가 끝나면 다른 한 쌍이 이어받습니다. 역시 자신의 눈 감은 짝이 들려준 이야기를 전하는 겁니다. 이렇게 이야기를 나눈 뒤 가장 흥미로운 이야기를 골라 한 모둠이 타블로 한 장면을 만들어 모두에게 발표하거나, 여러 장면 혹은 상황극을 보이기도 합니다. 이렇게 노니노라면 모두가 어린 시절 개구쟁이로 돌아가 웃고 즐기게 됩니다.

이후 모두에게 A4 용지를 한 장씩 나누어 줍니다. 그 종이에 어릴 적 자신이 기억하는 손을 그리도록 요청합니다. 자신의 손이 떠오르지 않는다면 주변 인물의 손을 그려도 좋습니다. 단, 어린 시절 주변 인물의 손이어야 합니다. 모두 손을 그립니다. 모둠끼리 손에 얽힌 이야기를 나누게 합니다. 이야기를 나누는 동안 어떤 이는 눈물을 닦아 내리며 추억 속으로 들어가 이야기를 하는 광경을 봅니다. 어린 시절의 자신과 만나면 어떤 감격 혹은 안타까움이 느껴집니다. 그런 정서는 모두에게 조금씩 공통적으로 드러납니다.

손 이야기를 모둠끼리 나눈 뒤 그중 한 사람을 주인공으로 고르게 합니다. 그리고 주인공을 빼고 나머지 사람들이 그 주인공의 어린 시절 당시의 정서를 한 장면의 타블로로 표현하게 합니다. 손 이야기의 주인공은 살짝 앞에서 그 장면을 봅니다. 그리고 다가가 자신의 대역을 하는 인물의 손을 잡습니다. 실은 자신의 손을 잡는 것입니다. 이 순간 한 번도 느껴보지 못한 정서가 밀려듭니다. 사람마다 정도의 차이는 있지만 자신의 역할을 하는 다른 사람의 손을 잡게 되면 특별한 감정을 느끼게 됩니다.

숙연하고도 감격스런 잠깐의 시간이 지나고 모두 둘러앉아 이야기를 나눕니다. 이 경험이 자신에게 준 소감과 새롭게 조망된 어린 시절에 대하여 전과 다른 기억을 갖게 될 것입니다.

하나의 예를 들었지만, 이후로 다양한 드라마 프로그램으로 이야기를 나누는 계기를 마련합니다. 처음에 서먹서먹하더니 점차 친숙한 사이가 되고, 나중에는 돈독한 우정이 쌓여가는 걸 지금도 보고 있습니다.

〈자화상〉-〈서시〉-〈길〉을 잇는 시인의 언덕

학생들은 나이야 어떻든 야외수업을 매우 좋아합니다. 중학생들도 걸핏하면 '야외수업'을 외치고, 대학원생들도 그러하며 심지어 50 플러스도 학생이 되면 그러합니다. 학생들의 마음은 무엇을 바라는 것일까요? '자유의 공기를 마시고 싶다!'가 아닐까요?

교실이 아닌 곳에서 수업한다고 하면 놀이하는 느낌이 들기 때문인 것 같아요. 이런저런 안전의 문제가 있어서 중학교 학생들과 야외수업을 자주 할 수는 없습니다. 대학원생이나 대학생들과 야외수업은 마음먹기에 따라서 자주 할 수도 있습니다. 저는 주로 마로니에공원이나 낙산공원을 이용하여 다양한 미션을 주고 모둠별로 해결하는 수업을 합니다.

2017년 겨울에도 학생들과 야외수업을 진행했습니다. 장소는 윤동주 시인의 언덕으로 정했습니다. 윤동주 시인을 사랑하기 때문이기도 하지만, 그 언덕에 가면 '나의 나무'가 있고, 그 위에 어여쁜 야외무대도 있어서 다양한 수업을 전개할 수 있습니다. 언제고 중학생들을 여기에 데려가서 정서를 느끼게 하고 싶은데, 얼마나 가능할지 모르겠습니다.

모이기로 한 저녁 7시. 가는 날이 장날이라고 날씨가 어찌나 추운지 모두 최강의 방한복을 둘둘 말아 입고 나타났습니다. 야외무대에서 만나기로 했기에 저는 조금 일찍 가 있었습

니다. 하나둘씩 찾아왔고, 모두 모였을 때 윤동주의 시 〈자화
상〉을 나누어 주었습니다.

함께 낭송을 하고, 목소리가 멋진 림에게 다시 낭송을 부
탁했지요. 그곳에서 우리는 자화상을 소재로 작은 무언극을
하였습니다. 그리고 시인의 언덕 위로 올라가 〈서시〉가 새겨진
바위 앞에서 다시 〈서시〉를 읽었습니다. 시 낭송과 함께 모두
부둥켜안고 사진을 찍었지요. 그날 함께했던 제자들과 작은
추억을 하나 더 만든 겁니다. 수업은 이렇게 하루하루 혹은
한 시간 한 시간의 이야기를 만드는 과정입니다. 함께하는 삶
의 과정이지요.

금강산도 식후경. 학생들은 애나 어른이나 먹을 거 사줄 때
선생님을 제일 좋아해요. 공부를 잘하거나 못하거나 전혀 부
담 없이 즐겁게 치킨을 먹을 수 있는 시간. 얼마나 좋겠습니까.
공부의 부담도 없고, 야외에서 시를 읽고 돌아다니는 수업이.
유명한 치킨집이 있었으나 문을 닫은지라 다른 곳으로 갔는
데, 그 집은 특별한 야채를 곁들여 주는 맛 좋고, 분위기 좋고,
저렴한 치킨집이었어요. 함께 와자하니 즐겁게 맛을 보고, 그
자리에서 저는 잔인한 미션을 하나 던져 주고 사라졌답니다.
그 미션이란 〈길〉이라는 윤동주의 시를 주고, 2인 1조로 짝을
지은 뒤 시의 분위기와 가장 잘 어울리는 사진을 찍어 메신저
로 보내라는 것입니다. 그 가운데 최우수작을 골라 시상하겠
다는 공지와 함께 미션을 주었답니다. 시간이 지나 저는 다른
곳으로 이동해 있었고, 제자들은 둘이 한 조가 되어 그 동네

길을 하염없이 걸었답니다. '길'을 걸으며 〈길〉이라는 시를 생각하고 그 시를 해석한 나름의 정서로 적합한 사진을 찍어 보내기 위해 아주 예술적인 분위기를 한껏 뽐내느라 추위는 저 멀리 사라진 것 같았습니다.

그리고 잔인한 미션을 하나 더 내주었습니다. 당신들이 '길'을 제재로 교육연극 수업을 만든다면 어떻게 할 것인가?

제자들이 제출한 과제 가운데 인상적인 한 편을 여기에 실어 보겠습니다.

– 박○○이 제출한 과제
기획 의도 : '시'의 내용을 반대로 고쳐쓴 뒤 '시' 속 대상을 바라보는 화자의 시선을 상상하여 그것을 그대로 사진에 담는 활동을 통해 시인의 마음과 철학을 이해하고, 시에 담긴 의미와 감성을 느끼고자 한다.

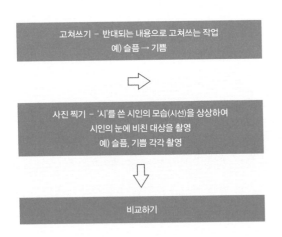

고쳐쓰기 – 반대되는 내용으로 고쳐쓰는 작업
예) 슬픔 → 기쁨

사진 찍기 – '시'를 쓴 시인의 모습(시선)을 상상하여
시인의 눈에 비친 대상을 촬영
예) 슬픔, 기쁨 각각 촬영

비교하기

길

잃어버렸습니다.
무얼 어디다 잃었는지 몰라
두 손이 주머니를 더듬어
길에 나아갑니다.

돌과 돌과 돌이 끝없이 연달아
길은 돌담을 끼고 갑니다.

담은 쇠문을 굳게 닫아
길 위에 긴 그림자를 드리우고

길은 아침에서 저녁으로
저녁에서 아침으로 통했습니다.

돌담을 더듬어 눈물짓다
쳐다보면 하늘은 부끄럽게 푸릅니다.

풀 한 포기 없는 이 길을 걷는 것은
담 저쪽에 내가 남아 있는 까닭이고,

내가 사는 것은 다만,
잃은 것을 찾는 까닭입니다.

길

마침내,
길

　두 장의 사진 속 길의 모양은 각각 다릅니다.

　수업 계획을 짠 박○○은 시인의 눈에 비친 시상을 따라가
다 자신이 해석한 길의 이미지를 사진으로 표현하였습니다.
그리고 새로운 시선으로 〈마침내, 길〉이라는 시를 썼습니다.
마침내 길이라는 새 시의 공간을 비워 둔 까닭은 독자들이 새
로운 시를 써볼 수 있기를 바라는 마음에서 그리 한 것이니
새로운 시 〈마침내, 길〉을 지어 보시겠습니까?

중학생들과 몇 년 만에 만나 처음 함께한 교육연극 수업은 '올해의 스타 거북씨'였습니다.

토끼와 경주를 하던 거북이 토끼를 이기는 이야기. 다 아시지요? 토끼를 이긴 거북은 동물의 세계에서 일약 대스타가 됩니다. 모두들 거북 등딱지를 마스코트처럼 몸의 어딘가에 붙이고 다니거나 귀여운 아이템을 만들어 머리에 핀으로도 꽂고들 난리가 났다는 설정에서 이야기는 시작됩니다. 저는 거북씨가 되어 인터뷰장에 나타났고, 학생들은 환호성을 질렀습니다.

사실 그 전 차시에 과제를 내주었지요. 다음 시간에 사회 교과실로 올 때는 거북 등딱지 모양의 무엇이든 들고 와야 한다고. 어떤 학생은 정말 멋진 소품 등딱지를 등에 메고 왔고, 하다못해 손등에 그림을 그려 온 학생도 있었습니다. 놀이처럼 느껴지면 수업은 즐거워집니다. 인터뷰를 하고, 거북이 거만해졌음을 눈치챈 학생들은 그 다음 모두 거북의 고향마을 사람들이 되어 거북 환영 행사를 준비합니다. 노래도 하고, 구호도 만듭니다.

그리고 다음 이야기는 거북이 오랜 옛 친구를 만나 속마음을 이야기하는 순서입니다. 모두들 자신이 생각하는 성공 신화의 뒷면을 짝꿍과 이야기 나누고 난 뒤 소감을 이야기합니다. 슈퍼스타 거북씨는 외롭다. 혹은 힘들다. 피곤하다. 토끼의 재도전이 있을까 두렵다 등등.

이렇게 친구를 만나게 한 후 토끼의 도전에 맞서는 거북의 강훈련이 시작됩니다. 그리고 드디어 토끼의 도전장이 우편으로 날아옵니다. 전체 학생 모두는 각각의 거북이 되고, 그 도전장을 받을지 말지를 스스로 결정합니다. 받은 사람과 받지 않은 사람, 모두 적절한 이유를 가슴에 안고 판단을 하게 되었겠지요? 도전장을 받은 팀과 받지 않은 팀으로 나누어 경기 전날 밤 악몽을 꾼다면 어떤 꿈을 꿀 것인지 이야기를 나누고 상대방이 보는 앞에서 상황극과 타블로를 보여 줍니다. 그리고 드디어 경기가 시작됩니다. 결과는 어떻게 되었을까요?

거북은 토끼에게 집니다. 왜일까요? 거북이 엄청난 특훈을 통해 기차보다, 비행기보다 더 빠른 달리기 실력을 보유하게 되었거든요. 거북은 출발 총소리를 듣자마자 쌩하고 달려 나가 뒤를 돌아보니, 토끼가 보이지 않을 정도도 빨리 뛰고 있는 자신을 발견합니다. "이제 됐어. 어디 토끼를 기다리며 한숨 잠을 자 볼까?" 거북은 잠을 자다가 토끼에게 지고 맙니다. 학생들은 모두 황당한 표정으로 앉아 입을 벌리고 이야기를 듣습니다.

그날 밤, 거북은 집에서 어떻게 하고 있었을까요? 다양한 대답을 합니다. "거북은 아주 편안하게 세상에서 가장 달콤한 잠을 잤단다." 이야기는 이렇게 끝이 납니다. 학생들은 다시 둘러앉아 이야기를 나눕니다.

드라마 프로그램은 몇 시간에 걸쳐 진행되었지만, 학생들은 단절된 느낌 없이 이야기를 기억하고 이어 주었습니다. 주제는 '청소년의 꿈과 사회적 가치에 관하여'랍니다. 소위 정체성을 형성하는 나이에 어떤 자신을 꿈꾸며, 사회 속에서 어떻게 살아가면 좋을지 생각해 보는 시간이었습니다.

스타 거북이 된 선생님

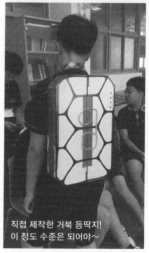

직접 제작한 거북 등딱지!
이 정도 수준은 되어야~

교육연극을 적용한 범교과 주제 융합수업

학교생활 가운데 동료들과 함께하는 연구모임이나 학습동아리 활동은 참으로 보람됩니다. 각종 잡무에 시달리며 하루를 보내노라면 대체 교사의 일이 무엇인지에 회의가 들기 마련인데, 이런 모임에서 교육자로서 정체성을 확인하기도 합니다. 교과의 벽을 허물고 둘러앉아 책을 읽고, 이야기를 나누거나 같은 학년을 가르치는 교과 담당 교사들끼리 학생들의 다양한 반응을 이야기하며, 어떻게 지도하면 좋을지 의논하는 꿀맛 같은 시간입니다.

기말고사가 끝나고 학교 선생님들과 함께 교육연극 연수를 했습니다. 제가 준비한 짧은 계획안으로 함께 놀이와 드라

무더위에도 교육연극 연수에 한창인 선생님들. 이 열정 덕분에 교실이 살아나겠지요?

마 활동, 팔로우업까지 하나의 프로그램을 고스란히 경험했습니다. 올해 교직에 처음 발을 들인 신임 선생님과 2년차 선생님도 함께했습니다. 선배와 후배가 모여 융합수업을 모색하는 자발적인 모임은 정말 아름답습니다.

이 수업의 개요는 다음 페이지에 실었습니다.

2018년 7월 11일 방이중학교 학습동아리(수날다) 교내연수 개요

구민정

1. 주제 : 교육연극을 활용한 범교과 융합수업 방법
   – 다문화 이해와 공감능력 함양을 중심으로
2. 대상 : 교내 학습동아리
3. 일시 : 2018년 7월 11일 (수) 15:30~17:00
4. 장소 : 본관 2층 도서실

시간	주제	내용	비고
3:00~ 3:30 (30분)	〈웜업〉 놀이로 몸과 마음 열기	건너가세요 잘해 봅시다 2인 댄스 신호등 걷기와 타블로 새 – 둥지 – 태풍	책상 없이 의자만
3:30~ 4:10 (40분)	〈드라마 활동〉 주어진 텍스트를 읽고 즉흥극 만들기	텍스트 읽기 타블로 구성 살아 보기(living through) 사회적 거리 T.I.R(Teacher In Role) –읽기 –모둠별 4장면 타블로 –씬디아가 인디언들과 지내는 행복한 시간 –백인 마을 사람들의 일상 –파커 삼촌과 함께 등장한 씬디아: 마음의 거리 –기자의 인터뷰 – 무엇이 문제인가? –핫시팅 –소리 터널 지나기	시간 조정 가능
4:10 ~ 4:30 (20분)	〈팔로우업〉 이야기 나누기	인식의 확산과 공유	필기도구

청소년 문화예술교육 05
교과서로 연극하자
문학, 영화, 애니를 활용한 교육연극 사례 21가지

초판 1쇄 발행 2018년 8월 30일
초판 2쇄 발행 2019년 1월 25일

지은이 구민정·권재원
펴낸이 김한청

편집 안희정
디자인 한지아
펴낸곳 도서출판 다른

출판등록 2004년 9월 2일 제2013-000194호
주소 서울시 마포구 동교로27길 3-12 N빌딩 2층
전화 02-3143-6478 **팩스** 02-3143-6479 **이메일** khc15968@hanmail.net
블로그 blog.naver.com/darun_pub **페이스북** /darunpublishers

ISBN 979-11-5633-208-4 43680

내용	활동	컨벤션
⟨사건 발생⟩ 한 인물이 노동 이민을 하였는데, 그가 냉동 저장창고에서 시체로 발견되었다. 그는 가난에서 벗어나기 위해 가족과 이별하였다. 그리고 현지에서 온갖 고난을 겪은 인물이다. 단서: 그의 방에는 변변한 가구가 없다. 여친치 있었다. 방 벽에 십자수 액자가 하나 있다. 이니셜 IS자 적혀있음. 그리고 떨어져 있는 종이 조각이 있다. "미안해" _준비점 이니셜_ _의매_	1. 참가자들은 모두 탐정이 되어 사건을 해결하기 위한 전략을 세운다. 2. 단서 만들기 - 모둠별로 1)이야기를 구성한다. 2)단서를 구성하여 타블로로 보여준다. (액자 속 이미지, 책의 제목 혹은 주제)	→ 탐험사문 이슬갬히
⟨마을 만들기⟩ 실종된 인물이 살던 마을을 구성한다. 그 마을엔 어떤 사람들이 살았을까. 즉흥으로 구성한 마을 사람들. 이 마을에서 축제가 벌어진다. 어떤 축제일까? _living through_ 관계 형성 축제를 벌이는 마을 사람들 속에서 실종된 인물을 아는 사람을 찾아낸다. _주목sb_	1. 모둠원들은 축제를 구성하고 보여준다. 2. 인터뷰 그 마을 사람 중 주인공과 아는 사람들을 불러내어 인터뷰 한다. 나머지는 질문자가 된다. _즉흥 T.I.K_ ↓ 이야기를 구성한다.	스펙트럼 인터뷰
⟨로운 단서⟩ 는 이름은? -코리언 의 외모는 황인종의 피부빛깔 까만 _"반전"_ 리카락, 그리고 자그마한 키로 보아 양인임이 틀림없다. 는 사람들을 불러내어 그들이 불렀던 름을 정하게 한다∥이웃들 모두 그의 름을 모른다. 다만 코리언이라고 불렀고 한다.	1. 이야기를 다시 구성해보자. 사건이 발생한 이 곳은 어디일까? (한국이 아닐지도)	TIR
할 속 교사 - 한국인 기자 국인의 죽음을 둘러싸고 현지의 관심 부족한 가운데 사건이 묻히게 될 것 드려워하는 기자는 익명의 사람에	1. 피해자가 코리언이라면 무하마드와는 어떤 관계일까? 2. 무하마드를 찾아간 까닭	TIR

시간	제목	내용	자료
5:00~7:00 (120)	-50+의 동력은? -드래곤호의 미션 -->세상에 없는 카페 만들기	-몸풀기 -50플러스에게 움직임의 동력은 무엇인가? -개인의 (결핍)과 사회적 결핍 -서울 숲 이야기 -시장의 편지 (다른 사람이 뭐요) -4개의 모둠으로 나누어 미션을 수행한다. 세상에 이런 카페라니? - 이곳을 살리기 위해 세상에 없었던 새로운 카페를 만들어야 한다. <드래곤호의 키워드 > 시간, 몸(건강 혹은 체력),기회, 능력, 돈, 관 계, 성취 <장소와 미션 제시> 1.가장 가까운 전철역으로부터 1킬로 이상 걸어 야 도착할 수 있다. 2. 주위에 학교가 있고, 전 연령층이 이용해야 하므로 주류 판매나 유흥업은 불가 3.지속적으로 이용 가능하고, 전 연령이 즐겨 찾는 명소가 되어야 함 4. 소개를 위한 (리허설) 시군 유등력	은천 or UCC 영상4 치즘 지도 (출 려 물,PPT) 키워드가 적힌 종 이 → 카페 도이 Cafe 다양한 디미
7:00~7:30 (30분)	휴식	저녁 식사 &휴식	
7:30~8:10 (40분)	발표 및 즉흥	1. 각 드래곤호는 세상에 없던 카페를 세상에 내놓음 (장면연기) 2. 관객 가운데 손님으로 출연을 원하는 사람은 참여할 수 있음(즉흥극) (관객 참여)	A4 용지 필기도- 82
8:10~8:30 (20분)	팔로우업	마무리	마이크

(손글씨 메모)
- 짧은여 깊어 나 다른 일락
- 모였어요 키워드 길여
- 이5간 거래을여
사람여.
- 드래곤 관계 규명됨